# MARGHERITA PESARINI

# FELICITÀ A KM ZERO

## Come Aumentare L'Autostima e Raggiungere La Felicità In 8 Semplici Passaggi Attraverso La Crescita Personale

Titolo

"FELICITÀ A KM ZERO"

Autore

Margherita Pesarini

Editore

Bruno Editore

Sito internet

http://www.brunoeditore.it

# Sommario

# Introduzione

Quante volte ci siamo trovati nella condizione di voler migliorare la nostra vita, di voler andare oltre le fragilità, i dubbi, le paure che ci portiamo dentro, ma poi ci siamo bloccati per insicurezza, scarsa autostima, mancanza di fiducia nelle nostre capacità di poter mettere in atto un qualsiasi cambiamento.

Mi chiamo Margherita, ho 55 anni, sono una donna, una moglie, una mamma, un'affermata professionista nel mio lavoro. E fin qui tutto normale, una persona come tante. Ebbene, è proprio questo che non mi andava bene: "una qualunque". Io non mi sentivo "una qualunque", sapevo di avere in me un'unicità che soffocavo, che non riuscivo a far emergere.

Così, a un certo punto della mia vita, ho sentito il bisogno di approcciarmi a un percorso di crescita personale, che portasse fuori dal mio intimo tutto quello che negli anni avevo cercato di sopprimere, per un innato istinto di autodifesa. Infatti sono stata sempre una persona estremamente introversa, insicura, timida, di quelle che giammai interverrebbero in pubblico per esprimere la propria opinione, oppure che prenderebbero un'iniziativa per intraprendere una nuova amicizia. Sempre col dubbio di essere troppo poco all'altezza delle situazioni, delle relazioni, delle aspettative.

Tutto questo di me non l'amavo più, mi stava stretto, mi limitava e mortificava. Era il succo di un'infanzia e un'adolescenza vissute in una famiglia un po' all'antica, dove lo zoccolo duro da oltrepassare era "ciò che dicevano gli altri". I miei genitori facevano dipendere ogni cosa, persino le decisioni di famiglia più importanti, dal timore delle critiche degli estranei e dei parenti: sono cresciuta in un ambiente in cui era d'obbligo compiacere agli altri.

La stessa cosa quando ho iniziato la mia esperienza lavorativa: non c'era tempo per me stessa, per i miei interessi, perché la cosa più importante era dare il massimo sul lavoro, senza mai dissentire su nulla. Poi è arrivata la mia nuova famiglia, un marito e due figli a cui ho dedicato con amore tutto il resto della mia vita fino a oggi, però a un certo punto mi sono resa conto che c'era un anello che mancava, che non congiungeva armonicamente il lato esterno della mia esistenza, quello visibile, e quindi la famiglia, gli affetti, il lavoro, le amicizie e quant'altro, con la parte interna e più intima di me.

Io non mi piacevo più. Ero totalmente sopraffatta dalla quotidianità, dalla routine, dalle abitudini. Le giornate passavano, tutto si ripeteva come la pellicola di un film dall'inizio alla fine, ma erano azioni, parole, pensieri chiusi in un barattolo di vetro che una volta aperto, uscivano per poi essere conservate di nuovo e riposte lì sullo stesso scaffale. No, iniziavo a ribellarmi a tutto questo. Le mie giornate erano piene di tutto, eppure erano vuote. Era una specie di vuoto cosmico che col passare del tempo non si colmava, al contrario, aumentava.

È successo circa dieci anni fa. Ho iniziato a dare un nome a questo vuoto, si chiamava "incompletezza". Ecco si, capivo che mi mancava la cosa più importante… Avevo tutto, in realtà non avevo niente, perché la mia vita era perfetta solo esteriormente, ma se non fossi riuscita a ritrovare quell' equilibrio interiore che entra in armonia con tutto il resto, sarebbe rimasta solo apparenza.

Non ero me stessa nella totalità, non esprimevo me completamente. Mancava il pezzo del puzzle più importante, quello che manifestava il mio essere reale, la mia indole. In altre parole, sentivo che dovevo completare quel percorso per essere appagata, partendo dal mio io, dentro di me. Per fare questo dovevo partire da un presupposto fondamentale, antico quanto il mondo: conoscere a fondo me stessa.

Così è iniziata a maturare in me la certezza che se io avessi voluto, avrei potuto attuare un cambiamento radicale interiore che mi avrebbe portato certamente a far venir fuori quanto di bello sapevo di avere in me e che avrebbe permesso di raggiungere un qualcosa che mi avrebbe fatto vivere bene e, se posso esagerare, vivere felice. Il bruco poteva diventare farfalla.

Non dovevo cambiare la mia indole, quello no, la mia natura, il mio essere era inattaccabile. Dovevo trasformare l'atteggiamento, l'approccio, il relazionarmi con l'entità esterna, per far venir fuori il carattere, l'estro, la genialità che avevo dentro. Mi sono convinta col tempo, che i limiti sono solo della mente: è un percorso di crescita, fondato sul rivedere tutte quelle convinzioni e certezze che ci siamo portati avanti fin da bambini e che non abbiamo mai messo in discussione. Può sembrare lungo e articolato, ma in realtà è molto più semplice di quanto si pensi ed è ricco di scoperte, emozioni, consapevolezze, che conducono all'ambita meta che tutti desideriamo: la felicità.

Per me la felicità è il raggiungimento del proprio equilibrio personale, fisico e mentale. La felicità non è un traguardo perché essa è dentro di noi, dobbiamo solo fare in modo che scaturisca e inebri la nostra vita.

Sono partita da un principio semplice, ma inconfutabile e cioè che nessuno sta bene con gli altri se prima non sta bene con se stesso. Per fare qualcosa di così importante, ci vuole una motivazione davvero forte. E il punto di partenza è solo uno: volersi bene.

Un grande Maestro della storia, più di duemila anni fa ci ha lasciato un messaggio inequivocabile: «Ama te stesso come il tuo prossimo»: dall'amore per noi stessi scaturisce l'amore per gli altri. Ma amarsi è prima di tutto rispettarsi: il rispetto per se stesso è fondamentale perché ci pone come una priorità, e implica una gestione sana e consapevole dei nostri bisogni e necessità per stare bene. Insomma, dobbiamo ascoltare con sensibilità e attenzione tutto quello che fa parte della nostra sfera emotiva, fisica, psichica e dare risposte esaurienti ed efficaci per il benessere della nostra persona.

Non basta avere solo pensieri positivi o buoni propositi, bisogna andare oltre, fare quel salto che spaventa, ma che ci porta al primo traguardo per essere felici, che è la libertà. Ed è questo il carburante che alimenta il motore del nostro progresso personale, dell'evoluzione, il punto di partenza per risolvere il conflitto interiore tra lo star bene, e quindi esprimere ciò che siamo veramente, e il soccombere agli eventi oggettivi che ci ruotano intorno. La libertà rende la nostra vita entusiasmante, ci rende sicuri di noi stessi, riconosce i nostri talenti e li mette a frutto, ci fa realizzare i desideri di una vita che resta nelle nostre mani.

Ed è da qui che è iniziata la mia metamorfosi, appena ho preso atto che tutto quello che volevo era l'espressione massima della libertà del mio essere: il punto di partenza e il punto di arrivo. La felicità era una mia scelta di libertà, perché dipendeva da me permetterle di contaminare la mia vita. Era, insomma, una felicità a chilometro zero.

Quando prendiamo atto che tutto ciò scaturisce da dentro di noi ed è ciò che vogliamo, che ci far star bene, abbiamo iniziato a compiere quella trasformazione chi ci porterà ad avere successo. Personalmente ho affrontato l'idea del cambiamento con serenità e consapevolezza. È normale che, detto così, spaventa. A me all'inizio metteva ansia anche solo pensare a un taglio di capelli diverso, oppure intraprendere una svolta professionale.

Si paventava sempre davanti l'eterna paura di sbagliare, di fallire, di essere giudicata male dagli altri. Mi sentivo come costretta a seguire delle regole, ad adempiere a degli obblighi e corrispondere a delle aspettative. Oggi sono felice, perché sono la persona che volevo essere. Non ho raggiunto nessun traguardo, sono ancora in crescita, perché sono convinta, come spiegherò in questo libro, che mettendo in atto una serie di azioni e comportamenti, si possa migliorare sempre di più.

Non esiste la perfezione, ma si può camminare per andare nella direzione che ci rende più sereni, condividendo il proprio spazio e tempo solo con chi ci fa star bene e ci vuole bene, eliminando dalla nostra vita eventi e persone negative.

Ho scritto questo libro, perché sono certa che tantissime persone, a un certo punto della loro vita, si sono trovate nella mia stessa situazione, donne e uomini di valore, che vivono in uno stato di frustrazione e non riescono a far emergere il meglio di sé; perché ritengo che la peggiore sconfitta per il proprio essere sia gestire la propria vita, aspettando l'approvazione degli altri per ciò che si fa, senza comprendere che si deve piacere prima di tutto a se stessi.

L'ho scritto perché voglio testimoniare che la mia voglia di farcela è stata determinante nel raggiungimento del mio obiettivo e soprattutto perché voglio indicare i modi, le tecniche e le strategie per riuscirci. E l'ho scritto per chi fa fatica a essere se stesso, perché magari si è fatto convincere che c'è in lui qualcosa di anomalo, che è sbagliato o che non è all'altezza. Per chi si sente insicuro e che sceglie di essere uno qualunque in mezzo agli altri senza distinguersi e mettere in campo la propria unicità o caratteristica.

L'ho scritto per chi, come me, vuole vivere esprimendo a fondo la propria libertà di pensiero, di azione, senza far prescindere l'esito dal dubbio che le proprie decisioni, opinioni, siano giudicate dagli altri. Per quelli che vogliono uscire fuori dal coro, perché hanno la consapevolezza di avere un valore intrinseco profondo e radicato, ma che non trovano il modo per farlo emergere, appellandosi a giustificazioni e pretesti e sminuendo la forza di volontà che è in loro.

Non è facile, ma nemmeno impossibile, è una trasformazione che richiede tempo, volontà, determinazione, sacrificio e motivazioni forti. È un impegno preciso e costante, per raggiungere un grande obiettivo. Alla base ci deve essere la fiducia in se stessi, credere che si può ottenere ciò che si vuole, pur comprendendo al tempo stesso il probabile livello di difficoltà che si potrebbe percepire per raggiungere i risultati. È una strategia psicologica, perché se un obiettivo viene ritenuto inarrivabile, se ne sminuisce l'importanza e con il tempo si smette di perseguirlo.

E noi questo non lo vogliamo. Al contrario dobbiamo guardare al nostro obiettivo come se lo avessimo già raggiunto, quest'esercizio conferisce una potentissima energia alla nostra mente, tanto che ci rende indipendenti da chiunque e da qualunque cosa.

Prima di leggere questo libro focalizziamo la nostra mente solo sulle cose importanti della nostra vita, su ciò che vogliamo, sull'importanza degli obiettivi e sulla convinzione che tutto il tempo che ci è stato dato deve convergere su questo progetto ambizioso; poi con determinazione, andiamo avanti. Tutto questo è fondamento della nostra felicità.

# Capitolo 1:
# Come riscoprire se stessi

**L'importanza di volersi bene**

Il punto di partenza, il primo step è il "volersi bene". Volersi bene è una forma di rispetto verso se stessi, anche perché sarebbe da masochisti vivere una vita che non ci piace, che ci fa star male, per nostra scelta o volontà. Quindi è fondamentale incominciare il percorso di crescita che ci trasforma in persone felici, proprio con l'amarci, con il volerci bene.

Avere amor proprio è esercitare un sano "egoismo", incominciando a rivolgere l'attenzione soprattutto verso noi stessi, perché questo è l'unico modo che abbiamo per conoscerci a fondo analizzando sia i pregi che i difetti, accettarli o lavorarci su per trasformarli in punti di forza, cardini su cui poggiare la nostra evoluzione. Tutti noi abbiamo amato qualcuno, un genitore, un figlio, un compagno di vita, un amico e in virtù di questo sentimento abbiamo sempre desiderato per questi una vita felice, piena di salute, di sogni realizzati.

L'amore per un figlio, ad esempio, è qualcosa di naturale e appagante, ed è per sempre. È un sentimento profondo, radicato nella nostra anima, non dobbiamo studiarlo o cercarlo, perché è puro istinto.

Ebbene, l'amor proprio è volere tutto questo anche per se stessi, è illogico pensare che non sia anch'esso innato. Però a volte quando poniamo noi stessi al centro di un sentimento così grande come l'amore, ci sembra difficile accettarlo, oppure lo consideriamo di secondaria importanza. Quando siamo al bivio tra lo scegliere per noi oppure per l'altro, molto spesso ci mettiamo da parte, e diamo valore all'altro, facendo la scelta che non vogliamo.

Questo stato di abnegazione non ci fa stare bene, spesso lo facciamo per abitudine, a volte per sfiducia, per stanchezza mentale, per quieto vivere, o semplicemente perché non ci rispettiamo abbastanza. L'amor proprio è amarsi così tanto da essere legittimati a darsi mille opportunità di rimettersi in gioco, di incoraggiarsi, sfidarsi e riprovarci ancora.

Volersi bene è fondamentale, accresce l'autostima e ci permette di instaurare rapporti interpersonali di qualità, perché solo quando avremmo sufficientemente amato noi stessi, allora potremmo amare gli altri, e creare relazioni autentiche, durature, sincere. Se prima facciamo la scelta di amarci, l'amore per gli altri diventa una conseguenza logica e naturale.

Uno dei campanelli d'allarme che maggiormente ci danno segnale di bassa autostima e scarso amore per noi stessi, è il mettere in dubbio persino i sentimenti e le buone azioni o parole degli altri. Non solo non ci fidiamo di noi stessi, ma non crediamo neppure alle persone che ci stimano, non accettiamo elogi, encomi, manifestazioni d'affetto: come è possibile che qualcuno trovi del bello in me se non lo trovo io, o che qualcun altro mi voglia bene più di quanto me ne voglia io? Ci mettiamo sulla difensiva e questo è un altro segnale inconfutabile del non volersi bene abbastanza.

La sfiducia che abbiamo riposto in noi, le nostre insicurezze, ci mettono in un costante stato di autodifesa, creando stress, malessere, depressione. Ciò genera paura e sconforto e ci isola da chi ci circonda, rendendoci spesso sgradevoli.

È capitato anche a me: da ragazza ero molto alta, snella, fisico da modella. Una volta mi proposero di partecipare a una sfilata di moda... un sogno per le giovani ventenni, un'opportunità incredibile. E quale fu la mia risposta? Rifiutai, perché del mio fisico vedevo solo le imperfezioni, non valorizzavo nulla. Non mi amavo, non vedevo il bello e non mi fidavo neppure degli apprezzamenti altrui.

Oggi, quando ripenso a questo e ad altri episodi simili, in cui ho palesemente messo da parte il mio amor proprio per stupidità, leggerezza e scarsa autostima, faccio una sana autocritica e do ancora più valore a questo percorso di crescita che ho voluto intraprendere, perché afferma in me la consapevolezza che la stima per se stessi è il punto di partenza per vivere bene. I difetti e le imperfezioni per i quali non ci piacciamo, dobbiamo affrontarli e, a volte, amarli.

Torno un attimo al discorso da cui sono partita: amarsi è esercitare un sano "egoismo; ecco, vorrei approfondire questo aspetto, perché potrebbe essere inteso come un messaggio negativo. Infatti non dobbiamo confondere l'egoismo così inteso con il narcisismo, che è pure amore per se stessi, ma amore "insano", nel senso che è un eccesso di amor proprio e, dunque, dal punto di vista psicologico, un disturbo della personalità.

Infatti Narciso, personaggio della mitologia greca, era un uomo bellissimo che si era innamorato della sua stessa immagine e l'amava così tanto che, specchiandosi in un lago per abbracciarla, vi cadde dentro, morendo annegato. L'amore per se stesso così inteso, è deleterio, non è per la propria persona, ma per la propria immagine, della quale il narcisista richiede continua approvazione e ammirazione da parte degli altri.

Il nostro sano egoismo non dobbiamo neppure scambiarlo con l'egocentrismo, quel meccanismo che induce ciascuno a considerare ogni cosa solo attraverso il proprio punto di vista. Esso può avere riscontri negativi nel sociale, poiché porta ad annullare l'altro, concentrando l'universo su se stessi. Il nostro "egoismo" è altra cosa: l'amore per se stessi non deve obbligatoriamente prescindere dalla vanità e non trascura o danneggia affatto gli altri, al contrario li coinvolge, perché aiuta a migliorare le relazioni interpersonali, e inoltre è un sentimento che cresce e matura nel tempo, ci rende obiettivi e ci aiuta ad accettare o rifiutare tutto quello che proviene dall'esterno. E, per quanto potrebbe sembrare maleducato e scortese, imparare a dire di "no" è sicuramente la conquista più grande e soddisfacente che ne consegue.

Dire di no, era una delle cose che meno riuscivo a fare. Educata dai miei genitori in maniera rigida e reverenziale, una delle prime cose che avevano insegnato a me e ai miei fratelli era l'obbedienza. Dire di sì, anche quando non si confaceva alle mie logiche, era una di quelle cose che ho sempre fatto sin dalla tenera età. Ho sempre creduto che fosse un segno di rispetto e di altruismo, perché era in questo contesto che mi veniva promulgato. Molte volte lo facevo anche per non creare dissensi o dispiacere alle persone a cui tenevo particolarmente.

Il problema stava nel fatto che anteponevo sempre gli altri e le loro esigenze a me: col tempo ho capito che dire sempre di sì, darsi totalmente agli altri, fa perdere il "focus" su noi stessi, e ci dimentichiamo di ricercare anche per noi quel benessere che garantiamo a terze persone. Per intenderci la generosità non è negativa, ma spesso le persone se ne approfittano, facendoci anche del male.

Allora ancora una volta è giusto pensare a se stessi, avere un atteggiamento egoistico: ci rendiamo conto che dare solo agli altri non ci rende felici, al contrario, se sapremo prenderci prima cura di noi, aiuteremo gli altri con un appiglio diverso, con gioia, senza alcun servilismo e, soprattutto, perché lo vogliamo noi.

Dunque, il passo successivo per conquistare a pieno l'amor proprio è imparare a dire di no, senza sensi di colpa verso gli altri, ma con profondo rispetto per se stessi. Poniamoci al centro della nostra vita, o meglio mettiamo al primo posto i nostri bisogni, valori e principi e domandiamoci se quello che facciamo è conforme ad essi. Ciò crea in noi un equilibrio più stabile, gestibile e motivante da perseguire.

Ma potremmo chiederci a ragion veduta: e tutto quello che fa parte della nostra sfera esterna, gli affetti, la famiglia, il lavoro, le emozioni, le convinzioni, come riusciamo a conciliarlo con questo bisogno di concentrarci solo su di noi? Ciò che ho finora detto potrebbe sembrare un discorso irrazionale o pura teoria, da mettere difficilmente in pratica nella vita reale, dal momento che non siamo soli né viviamo su un'isola deserta.

Bene, vi parlo delle mie percezioni, che poi ho messo in pratica in questo mio percorso di crescita. Parto dalla famiglia, che è un involucro esterno e che ci aiuta a vivere bene; tuttavia nel tempo cambiano le situazioni al suo interno, i figli crescono e seguono le loro aspirazioni e i loro obiettivi, il partner potrebbe anche lasciarci, motivo per cui trovare la nostra dimensione ideale diventa una necessità assoluta e imprescindibile da tutto il resto. Il benessere personale è una priorità, per noi stessi e per dare il meglio anche ai nostri familiari.

Poi c'è il lavoro, a cui è necessario dare la dovuta importanza, poiché ci garantisce il tenore di vita e la sussistenza economica e ci fa realizzare professionalmente, soprattutto se è un lavoro che ci piace. Non dobbiamo però che diventi una ragione di vita, consideriamo che noi non siamo ciò che facciamo, anche se gli altri spesso ci identificano.

Io, ad esempio sono un quadro direttivo in una Banca, il mio ruolo è di competenza e responsabilità, e lo svolgo con dedizione e professionalità. Inizialmente ero come asservita al mio lavoro, passavo le mie giornate all'interno dell'ufficio, dedicando pochissimo tempo a me stessa e ai miei interessi, non riuscivo a dire di no quasi mai se i miei colleghi o superiori chiedevano ulteriore disponibilità lavorativa. Nel momento in cui ho maturato in me questa decisione di trasformare in meglio la mia vita, ho iniziato a capire che ero molto di più del mio lavoro e ho iniziato a definire gli spazi e i tempi da dedicare a esso.

Il lavoro ci fa guadagnare, per cui anche il denaro merita una certa considerazione. Fa parte della nostra sfera esterna ed è utile alla nostra vita, ci permette di mantenere un adeguato tenore di vita, è inutile negarlo e dire che si può vivere senza, perché senza non si può vivere! Ma non è la ragione migliore per vivere bene, per cui è certamente necessario gestirlo bene, ma non si deve far prescindere tutto da esso.

C'è stato un tempo in cui ho pensato di poter vivere di emozioni: era bellissimo, perché io sono molto emotiva e la gioia che si prova non è descrivibile; ma le emozioni passano, non sono durevoli nel tempo e neanche l'effetto che provocano sarà più bastevole per il nostro benessere. E allora dobbiamo scegliere se rimanere un sognatore a vita oppure se realizzare quei sogni. Io ho scelto di realizzarli i miei sogni, un passo alla volta e partendo da me.

Infine ci sono le convinzioni, quelle che spesso ci portiamo dietro fin da bambini e acquisiamo come verità assolute; sono le più difficili da gestire in questo percorso di trasformazione. Perché le convinzioni ci creano un'autostima apparente, che ricerchiamo nell'approvazione degli altri per sentirci apprezzati, e ci chiudono la mente a tutte le novità che spesso non accettiamo o sopportiamo per paura di non ottenere l'altrui consenso.

Così il cerchio si chiude, attraverso un'analisi approfondita di ciò che appartiene alla mia sfera esterna e a quella interna, ho saputo scindere tra i sensi di colpa di un rifiuto e l'esigenza di avere stima per me stessa. Ho stabilito regole per me stessa, senza trovare scuse, in maniera diretta eppure sono ancora viva! Dunque si può fare.

Posso concludere questa prima parte in cui parlo dell'importanza di volersi bene, ricordando i principali segnali d'allarme che ci confermano che non ci amiamo abbastanza: quando cerchiamo costantemente l'approvazione degli altri o ne vogliamo avere il controllo, solo perché non ci fidiamo di noi stessi; se ci facciamo sfruttare da partner, colleghi, amici non ci amiamo a sufficienza. E non ci vogliamo bene neppure quando creiamo relazioni di dipendenza da persone o cose e quando nutriamo sentimenti negativi, di insoddisfazione, di disprezzo.

Iniziamo invece a volerci bene, mettendo in atto atteggiamenti e discorsi positivi, prendiamoci cura del nostro corpo e della nostra mente; impariamo dagli errori invece di darci punizioni, concentriamoci sulle relazioni costruttive e sulle attività nutritive, scommettiamo su noi stessi e ripartiamo con fiducia.

## La salute psicologica e la salute fisica

Il presupposto del benessere fisico è la salute della mente. Tutto parte dalla testa che, libera da fluidi negativi e atteggiamenti ostili e chiusi, inizia a predisporsi alla trasformazione che vogliamo mettere in atto.

Una sana salute mentale permette di sviluppare doti intellettuali ed emozionali di alto livello, nella vita sociale, nello studio o professionale. Uscire da uno stato di isolamento o di solitudine e curare la propria psiche, relazionandosi con l'esterno, aiuta in maniera preponderante il processo di autostima. Ciò, come dicevo, comporta l'allontanare da sé pensieri negativi, ansie, paure e mette in atto una sorta di relazione con gli altri, facendoci uscire dalle zone d'ombra dietro cui spesso ci trinceriamo e evidenziando la necessità di comunicare, scambiare stati d'animo, condividere problematiche, costruire nuovi spazi di interesse, che predispongono al cambiamento.

Tutto questo avviene per gradi e richiede del tempo e, come tutto il processo di crescita che ci coinvolge, parte da noi, dobbiamo fortemente volerlo. Una mente aperta, libera da oppressioni e costrizioni è un punto di partenza fondamentale per arrivare anche alla salute fisica.

Ricordo che nel momento in cui ho preso coscienza della mia trasformazione interiore alla ricerca del benessere più totale, ho iniziato a dedicare molto del mio tempo alla lettura, allo studio, alla conoscenza di nozioni e tematiche che non avevo mai approfondito prima, perché attraverso questo processo riuscivo a tirar fuori di me cose che prima mi erano assolutamente estranee. Avevo trovato una maniera semplice ed edificante per conoscere meglio me stessa, anche riconoscendo e accettando alcuni limiti che non avevo mai ammesso di avere e poi di superarli gradualmente.

Non è mai troppo tardi per intraprendere cose nuove, scoprire un piacevole passatempo, come anche dare libero sfogo a immaginazione e creare qualcosa di bello, sorprendente, affermando competenze e attitudini personali che mai prima d'ora avevamo pensato di esprimere e sviluppare.

Le attività creative sono espressione spesso di emozioni e scaricano tensioni e preoccupazioni, imparare cose nuove oppure sviluppare le proprie competenze, oltre che a farci uscire dalla routine quotidiana, stimola la mente e rafforza l'autostima. È molto importante anche allacciare e coltivare relazioni sociali; parlare e ascoltare ci mette a confronto con gli altri e aiuta a ordinare le idee, spesso ci mette in discussione e abbatte schemi mentali precostituiti.

Quindi il modo più bello ed edificante per curare la mente, è aprirla a nuove prospettive, abituarsi a fare sempre qualcosa di nuovo, confrontarsi con pareri e opinioni divergenti, stimolare il cervello a percepire informazioni nuove e diverse tra loro, oppure svolgere attività che appassionano e che danno modo di mettersi in gioco, sfidandosi costantemente a migliorare.

E, qualora se ne abbia la possibilità e il tempo di farlo, esplorare posti nuovi, viaggiare, entrare in contatto con culture diverse: ciò stimola la mente a uscire dalla propria zona di confort, spingendo ad apprendere stili di vita differenti e ad allargare i modi di vedere la vita, dona emozioni nuove e arricchisce di esperienze che rendono la mente sempre più attiva.

Quel senso di libertà di cui ho ampiamente parlato in precedenza, si amplifica in maniera esponenziale: una mente aperta, sana, nutrita e consapevole è il presupposto per un'anima che vuole crescere ed esplodere nella sua completezza e che non accetta più di vivere in sordina soffocando la sua essenza più vera.

Ma spesso quando parliamo di salute psicologica, non sempre sappiamo che, così come per il corpo, ci sono dei veri e propri esercizi di allenamento che riguardano la mente, che aiutano in modo determinante ad affrontare momenti particolarmente difficili, soprattutto di ansia e di stress.

In realtà neppure io lo sapevo, finché, proprio mentre stavo attraversando un periodo molto delicato della mia vita, che non riuscivo a gestire nella quotidianità e che mi causava anche malessere fisico, ho iniziato a praticare il "Mindfulness", un allenamento che è un vero toccasana per la mente e che in poco tempo conduce a uno stato di totale benessere.

Il metodo "Mindfulness" consiste, in pratica, nel concentrarsi solo ed esclusivamente sull'esperienza del momento presente, in maniera intenzionale e consapevole. Mi spiego meglio: un allenamento di "Mindfulness" aiuta a osservare, senza giudicare, l'attività della propria mente e di stare con quello che c'è. Ciò consente di entrare in un rapporto diverso con i propri pensieri e significati, trovando nuovi e creativi modi di muoversi nel mondo. È una specie di fluido che produce la nostra mente che, liberandosi da tutto, si concentra solo ed esclusivamente su se stessa e sul momento presente.

Ho partecipato a molti allenamenti e la pratica del Mindfulness per me è stata parte integrante del percorso di conoscenza con la mente e anche con il corpo, mi ha permesso di apprezzare il bello che c'è proprio in questo momento. Oggi mi permette di affrontare anche momenti di tensione, perché mi aiuta a prendere coscienza di quell'esperienza positiva o negativa, nell'attimo stesso che si crea per cui, senza volerla allontanare da me in maniera istintiva, la vivo serenamente, e so che sono stati transitori che passano.

Ho sperimentato tutto questo nel momento in cui ho fatto la scelta più importante della mia vita: quella di uscire dal guscio in cui ero vissuta e di ricercare, attraverso i luoghi, il pensiero, le percezioni esterne, quello che mi fa vivere felice.

La salute psicologica è la logica conseguenza di un sano e proficuo esercizio fisico, che dà una sensazione immediata di benessere, riducendo il rischio di depressione, a volte curandola. Dunque anche la salute fisica è presupposto per star bene. E se stiamo bene, ci vogliamo bene e possiamo concentrarci completamente sulla nostra crescita personale che ci porta alla felicità.

Ma cerchiamo di comprendere in che modi e in qual misura, l'attività fisica aumenti una visione positiva di sé, che incrementa a sua volta la probabilità di perseguire uno stile di vita basato su prevenzione e movimento.

La vita sedentaria purtroppo accompagna molte persone nella vita quotidiana, per cui l'attività fisica ci permette di recuperare benefici su tutte le funzioni del nostro corpo. Partire dal proprio corpo, dalle sensazioni di benessere percepite, predispone ad avere maggiore stima di sé, oltre al fatto che induce a completare quelle sensazioni, aumentando le percezioni positive sulla propria persona.

L'attività fisica ci tira fuori dalla routine, è una valvola di sfogo al termine di una giornata pesante e stressante oppure è semplicemente un modo per sentirsi meglio e per iniziare in modo positivo una nuova giornata lavorativa. Ci gratifica, perché abbellisce e rafforza il fisico, ci rende più sicuri e mentre ci dà consapevolezza dei nostri limiti, al tempo stesso ci predispone per superarli.

Nel mio percorso di crescita, lo sport e l'attività fisica hanno avuto un ruolo determinante. Ero ancora una ragazzina, a causa di una lieve scoliosi che mi aveva costretta a portare un busto ortopedico per alcuni anni, non avevo mai potuto praticare alcuno sport, nemmeno l'ora di educazione fisica a scuola, per cui ero esonerata.

Io amavo la ginnastica, le attività sportive in genere, la pallavolo, il tennis, andare in bicicletta, ma tutto questo, a causa del mio problema, non avevo mai potuto praticarlo. Questo mi faceva molto soffrire, era per me una limitazione davvero frustrante che, unita al fatto di dover portare una protesi abbastanza visibile, aveva generato uno stato di evidente disagio, mi rendeva fragile e insicura, creando anche parecchi problemi di relazione con gli altri.

Consideravo il fatto di non praticare alcuna attività sportiva come fattore penalizzante che mi isolava maggiormente dalla vita sociale. Sono sempre stata una persona emotiva e molto sensibile e tutto questo contribuiva ad aumentare queste percezioni assolutamente negative.

E fu questo il motivo per cui, non appena ebbi superato il mio problema di salute, riscoprii nella pratica dell'attività fisica una vera e propria cura per ritrovare in me stessa quella fiducia che avevo completamente perduta e la voglia di intraprendere un cammino, gratificante e motivante: è stato il mio riscatto sociale.

Quando parlo di salute fisica non mi riferisco soltanto alla pratica di sport, ovviamente. La nostra persona va curata nella sua interezza, non solo per abbellirne l'aspetto, ma anche per stare bene, per prevenire malattie e malesseri lievi. È bello quando iniziamo a parlare di rinascita, pensare anche a migliorare il nostro aspetto, oppure a prenderci cura di qualcosa a cui non avevamo mai rivolto la dovuta attenzione, come ad esempio cambiare il colore dei capelli, piuttosto che voler perdere qualche chilo di troppo per il semplice gusto di indossare un abito che ci piace particolarmente.

Quando si vive in uno stato di disagio spesso il primo segnale viene proprio dal nostro corpo. Magari pensiamo che non riusciremmo mai a essere diversi da quelli che appariamo quando ci guardiamo in uno specchio. Ma anche questa è una questione di volontà: si può cambiare, si può diventare la persona che si vuole diventare incominciando a fare. Tutte le cose, anche le più travolgenti ed entusiasmanti iniziano sempre con piccoli passi, poco alla volta; è così che si raggiungono i grandi obiettivi.

Curare il corpo, dedicarsi una/due sedute mensili dall'estetista e dal parrucchiere piuttosto che dal dietista o nutrizionista, sono piccoli passi che mettono in atto la nostra voglia di avere un punto di partenza per raggiungere un risultato importante, ambizioso. E dobbiamo farlo non per compiacere chicchessia, ma per piacere soprattutto a noi stessi. Se partiamo da quelli che per noi sono "difetti" fisici, che potrebbero limitare anche le relazioni con gli altri, poi siamo maggiormente invogliati a migliorare anche tutto il resto che di noi non ci piace o ci piace di meno.

Ciò che vorrei trasmettere in questo libro è soprattutto un messaggio di incoraggiamento a tutte quelle persone che non incominciano o che rimandano perché non hanno voglia o semplicemente perché non credono sufficientemente in sé stesse, che si sentono brutti anatroccoli, ma per pigrizia o riluttanza, non fanno nulla per diventare splendidi cigni.

Altrettanta importanza merita l'essere sano, infatti il pensiero più importante che ci sovviene quando intraprendiamo qualsiasi iniziativa, è che la salute è la cosa più importante. Pertanto cerchiamo sempre di percepire i messaggi del nostro corpo, se è sofferente, se è stressato o stanco e iniziamo a prendercene cura, conducendo uno stile di vita più sano per rimetterci in forma.

Consultiamo il medico qualora il nostro corpo ci lancia sia pure piccoli segnali di malessere, perché la prevenzione è il modo migliore per evitare problemi più importanti. Rispettare il proprio corpo è un passo importante sia per la nostra salute fisica che per accrescere l'autostima ed è il punto di partenza per continuare e completare la parte iniziale del nostro ambizioso progetto di crescita e di ricerca in noi della felicità

RIEPILOGO DEL CAPITOLO 1:

- SEGRETO n. 1: Il percorso di crescita personale inizia con il volersi bene.
- SEGRETO n. 2: Guarda sempre il bello che c'è in te tiralo fuori.
- SEGRETO n. 3: Impara a dire di no agli altri e a rispettare te stesso.
- SEGRETO n. 4: Cura la mente e aprila a nuovi orizzonti.
- SEGRETO n. 5: Cura la salute del tuo corpo, perché è da lì che parte il cambiamento.

# Capitolo 2:
# Come superare le difficoltà

**Riconoscere le mie debolezze e trasformarle in punti di forza**

Parto sempre dal concetto fondamentale che mi ha indotto a scrivere questo libro: la felicità è dentro di noi, va ricercata in noi ed è indipendente da ciò che accade all'esterno. Dunque è importante accrescere la consapevolezza di noi stessi e l'efficienza personale per far sì che si manifesti totalmente.

A volte sbagliando, siamo convinti che per essere veramente felici, dobbiamo essere scevri da limiti e debolezze, ma siamo esseri umani e questo non è possibile. Ma, proprio in un percorso di crescita interiore, possiamo trasformare i nostri limiti e le nostre debolezze in punti di forza e far leva su di essi per affermare in toto l'autostima.

Nessuno è perfetto, la perfezione non si può raggiungere su questa terra, ma ognuno può migliorare e piacersi comunque. Affrontando questo ostacolo importante nella mia vita, ho trovato incoraggiamento in numerosi esempi di persone che pur vivendo stati emotivi e fisici di forte debolezza, sono riusciti a superarli trovando le motivazioni più forti proprio partendo da quello che poteva essere un difetto incorreggibile.

Lo spunto più interessante e forse determinante l'ho preso da un episodio che mi ha coinvolto indirettamente, riguardante un conoscente che, in seguito a un grave incidente che lo aveva costretto all'amputazione delle gambe, aveva trovato la forza di ripartire da quello che gli era rimasto del resto del suo corpo affermandosi come campione del mondo di pesistica paralimpica (sollevamento pesi con le braccia).

Sì, certo, qui faccio riferimento a un difetto fisico, e anche questo è ugualmente utile superare nel nostro percorso, qualora ce ne fosse, ma questo racconto vuol essere un esempio di notevole forza di volontà, di impegno, di autodisciplina per comprendere che tutto è possibile, che ogni cosa che ci riguarda, anche la più negativa può essere trasformata in qualcosa di positivo e di bello e incoraggiante e può farci ricominciare da lì.

I difetti, le debolezze non vanno nascoste, anche perché continuerebbero a venir fuori: lo sforzo richiesto è quello di trasformarle lentamente in nuove abitudini e comportamenti positivi.

Se sono nervoso, posso scaricare la rabbia praticando sport per esempio, allenandomi ad accrescere l'auto dominio, oppure posso condividere i miei stati d'animo con le persone che amo, relazionandomi e confidandomi con esse per trovare soluzioni costruttive che mi facciano uscire da quello stato di disagio.

Se sono troppo timido, posso sperimentare gradualmente quanto possa essere gratificante iniziare a interfacciarsi e comunicare con gli altri, pur restando se stessi in ogni situazione e valorizzando addirittura la propria timidezza, come riservatezza e discrezione nei rapporti interpersonali.

E se ci rendiamo conto di avere il cuore troppo chiuso verso il prossimo, perché troppo sensibili e per paura di soffrire o perché abbiamo vissuto esperienze negative, se ci siamo chiusi in una vita fatta di immagini della realtà, piuttosto che della realtà stessa, allora possiamo capovolgere il tutto e cominciare a guardare in chiave positiva.

È vero che per riaprirsi ci vogliono tempo e fiducia, non tanto verso l'altro, quanto verso se stessi, per avere la capacità di superare il prossimo bivio sentimentale, ma possiamo iniziare a cambiare il nostro comportamento, l'approccio, dobbiamo "sfruttare" questa chiusura come qualcosa a nostro vantaggio, per vivere le situazioni con il dovuto distacco e avere il tempo necessario e l'opportunità di valutare e gestire le situazioni a nostro favore.

A volte possiamo anche trasformare i nostri "difetti" in nuove abitudini o comportamenti positivi. Se per esempio mangiamo troppo, possiamo provare a indirizzare la nostra voglia di cibo verso un'alimentazione sana che al tempo stesso sia buona e dia benefici.

Molto spesso siamo consapevoli delle nostre debolezze, altre volte sono gli altri che ce le fanno notare. A prescindere da questo, vorrei esortare chiunque a guardare sempre il buono, anche nelle cose meno belle che ci caratterizzano. Quando mi dicevano sei troppo insicura, puntigliosa, indecisa, non mi sono mai focalizzata su quella parte negativa del mio carattere, per cercare di migliorarla, al contrario ci rimanevo male, aggiungendo ai tanti difetti, anche l'essere permalosa.

Successivamente, quando ho deciso di scrollarmi di dosso tutti i pregiudizi e di fare una sorta di autocritica che mi permettesse di essere libera di affrontare il cambiamento che volevo, ho maturato l'idea che ogni nostra debolezza è un tassello importante di un puzzle, ed è fondamentale nel nostro processo di crescita per due motivi.

Il primo è che, riconoscendole, ci togliamo la benda dagli occhi e prendiamo coscienza delle nostre imperfezioni, il secondo è che l'esperienza maturata anche sui nostri errori, la forza di volontà che determina gli sforzi che facciamo, ci portano gradualmente a riconoscere i difetti stessi come punti cardine su cui impiantare tutto il nostro percorso di crescita. Dobbiamo o no raggiungere la felicità? E per essere felici dobbiamo avere in mano tutto il bello della nostra vita e della nostra persona.

E allora se ci rendiamo conto che essere ansiosi non aiuta, trasformiamo quell'ansia in qualcosa di costruttivo; non sono ansioso, sono solo una persona ordinata e organizzata! Valorizziamo ogni caratteristica che ci indebolisce e trasformiamola in punto di forza: non sono lento, ma sono accurato nello svolgere le cose, perché ci metto passione, cura, e per farlo ho bisogno di tempo.

A questo punto vorrei dare dei suggerimenti su come possiamo trasformare le nostre debolezze in qualità, consigli che nascono dalla mia esperienza, ma ricordando sempre che per fare questo bisogna mettere impegno. Non basta solo pensarle le cose che vogliamo, dobbiamo farle, e questa è la parte più impegnativa, ma anche la più gratificante, perché nel momento in cui ci siamo resi conto di aver superato questo scoglio, siamo a metà del nostro cammino.

Parto dal presupposto che non ci sono persone o caratteristiche buone o cattive, è la percezione che varia ed è soggettiva. Per cui se sono testarda, la caratteristica può essere vista anche come tenacia. Ecco quindi che il mio difetto si trasforma in un pregio, perché la testardaggine viene percepita come una cosa negativa, la tenacia invece no: si collega alla forza, alla perseveranza, alla concretezza. Lo stesso si può dire se parliamo di incoerenza per esempio, che può essere vista come flessibilità, propria di una mente aperta e istruita.

O ancora essere puntiglioso o noioso sono qualità assolutamente negative, ma se le trasformiamo in preciso e responsabile, diventano delle doti ammirevoli. Chi vorrebbe essere arrogante e rigido? Ma se invece trasformiamo l'atteggiamento di arroganza in un operare con sicurezza e concretezza, ci valorizziamo verso gli altri e acquistiamo fiducia in noi stessi.

Cambiare, non significa trasformare l'aggettivo negativo in uno positivo, ma significa prendere atto del nostro lato debole, di miglioralo, traendone l'aspetto positivo, e di riproporci in chiave diversa, smussandone il lato negativo. E lo dobbiamo fare soprattutto per star bene con noi stessi, per dare valore anche alle cose che ci piacciono di meno, perché, come tutte le altre, fanno parte di noi. Non si sfugge dalle proprie debolezze, ma le possiamo gestire e trasformarle, tenendo conto della nostra "vulnerabilità emotiva".

Vorrei fare un breve accenno a questo. Nelle relazioni interpersonali ognuno di noi condivide una parte di sé con gli altri, a volte capita che ciò possa andare a distruggere o lenire in qualche modo la sfera personale più intima. In altre parole, la vulnerabilità emotiva è quella caratteristica che ci mette a nudo sul piano emotivo e ci permette di conoscere più a fondo noi stessi, la nostra vulnerabilità.

Pertanto, riconoscere le proprie debolezze potrebbe essere spesso, dal lato emotivo, un fattore traumatico, poiché se un soggetto è molto sensibile, sarebbe come ammettere qualcosa che nel profondo mina la sua integrità. Queste percezioni portano a vivere la propria vita in maniera inadeguata, con frustrazione, imbarazzo e malessere. Le persone vulnerabili dal lato emotivo vivono le emozioni negative in maniera intensa, spesso estremizzandole, non si tratta di lievi sensi di colpa, o semplici irritazioni, ma sensazioni di angoscia cupa, profonda umiliazione, a volte terrore o rabbia.

È difficile per tali soggetti riuscire a compiere un processo di trasformazione delle loro percezioni negative in qualcosa di positivo in maniere semplice e spontanea. È necessario un percorso diverso, più accurato; devono essere talvolta coadiuvati a potenziare la loro capacità di coordinare le emozioni tramite sedute psicoterapeutiche, dove viene loro insegnato a scindere le loro emozioni nei più complessi elementi di cui sono costituite, sia a livello comportamentale, che fisiologico o percettivo e inoltre a imparare a sperimentarle, anziché viverle d'istinto.

Capire cosa facciamo bene e dove invece vogliamo migliorare è il punto strategico, la chiave del nostro successo personale, ma è anche importante seguire un metodo. Innanzitutto, dobbiamo capire se ciò che vogliamo migliorare è un difetto o semplicemente una paura, cosa comune quando affrontiamo qualcosa di nuovo e siamo sfiduciati, infine identifichiamo dove vogliamo migliorare.

È importante rimanere focalizzati sulle aree d'interesse: per non perdere di vista le finalità è opportuno redigere una lista con i punti di debolezza di cui abbiamo maggiore coscienza e su cui intervenire e, in maniera obiettiva, senza giudicarsi o punirsi, suggerire per ogni punto una soluzione, rispondendo a domande mirate del tipo: «che qualità potrei sviluppare per trasformare la mia debolezza in una forza che contribuisca al mio benessere?», oppure «Sei sicuro che si tratta di una debolezza oppure di paura?». E se si tratta di paura, prendere in mano la situazione e cercare di vincere le proprie paure, spesso frutto di convinzioni errate e infondate, ma di questo parlerò più avanti.

Altra importante analisi è identificare il "perché" nascosto dietro le aree di debolezza, per poterci lavorare e rafforzarle. Quando è chiaro il motivo che ci pone il limite, è utile provare a superarlo anche con l'informazione, leggendo libri sull'argomento, che ci suggeriscono spunti interessanti, trovare un mentore che ci guidi nel raggiungere aree di miglioramento, che creda in noi e che ci dia sostegno e incoraggiamento.

Questo io l'ho fatto. Nel momento in cui ho trovato ostacoli insormontabili da oltrepassare, ho trovato una persona che mi ha supportato e che ha creduto fortemente in me, trasmettendomi entusiasmo e forza d'animo. Il mio mentore mi ha insegnato a guardare ai miei errori come a una tappa necessaria per il mio progresso. Il mio personale miglioramento e la crescita derivano sostanzialmente dai miei errori e non conta quanti ne ho fatti, ma quanto hanno contribuito a non farli ripetere per andare avanti nel mio percorso.

E qui ancora si pone in evidenza la tappa fondamentale di conoscere a fondo se stessi per trasformare le debolezze in punti di forza straordinaria per vivere felici.

**Trasformare gli eventi dolorosi del passato in crescita personale**

Quanto incide il passato nel nostro percorso di crescita? La grande poetessa del novecento Alda Merini ha scritto: «Ognuno di noi ha vissuto qualcosa che l'ha cambiato per sempre», facendo riferimento ad avvenimenti precisi, anche i più dolorosi, che hanno un ruolo importantissimo nella storia personale di ognuno.

In ogni vissuto c'è sempre qualcosa o qualcuno che ci ha segnato nel profondo: le esperienze positive ci fortificano e ci rendono più sicuri, quelle negative invece, spesso possono diventare deleterie e autodistruttive, qualora non riuscissimo ad accantonarle. Sta a noi decidere se lasciarci distruggere o fortificare.

Come ho raccontato nella parte introduttiva di questo libro, a un certo punto della mia vita ho capito che quello che facevo, come lo facevo e ciò che ero diventata non mi piaceva più e così ho iniziato a lavorare moltissimo su di me per individuare le cause del mio malessere interiore. Perché mi sentivo a disagio? Che cosa mi bloccava tanto da impedirmi di provare sensazioni di benessere e positive?

La percezione più forte e determinante era che io non mi sentivo libera, avevo come di macigni che mi pesavano sull'animo che non riuscivo a togliere e sugli occhi come delle bende che mi oscuravano la luce. Ho scrutato a lungo nel più profondo del mio intimo e tra le cause di questo mio atteggiamento ho individuato anche taluni eventi vissuti nel mio passato che mi avevano profondamente segnato e mi imprigionavano in una sorta di rete da cui non riuscivo a svincolarmi e a venirne fuori.

Tali eventi, seppur superati cronologicamente, avevano lasciato dentro di me un vuoto cosmico che si identificava in una sorta di risentimento e di rancore nei confronti di chi li aveva causati, delle situazioni che lì avevano determinati, e anche verso me stessa, che non avevo saputo gestirli. Mi sono fidata di persone che non meritavano la minima stima, che mi hanno fatto del male, approfittando della mia buona fede e disponibilità, e mi hanno "usata" solo per i loro miseri interessi.

Al di là dei fatti oggettivi che hanno contribuito a rendermi una persona insicura e ansiosa e che mi hanno segnato emotivamente, vorrei accennare alle conseguenze psicologiche che tali avvenimenti mi hanno causato. Inizialmente, da sola, non sono riuscita a venir fuori da tutta questa condizione negativa, per cui ho dovuto ricorrere all'aiuto di una psicoterapeuta che, se da un lato mi ha aiutato parzialmente a gestire gli eventi traumatici, dall'altro mi ha resa maggiormente consapevole che lo sforzo maggiore per trasformare la mia vita doveva comunque partire da me.

Il modo più efficace per affrontare le situazioni dolorose vissute che ci trasciniamo nel tempo è quello di lavorare su se stessi, con impegno, forza di volontà, meditando sui fatti, processandoli e trasformandoli: solo così siamo veramente liberi!

L'evento più doloroso del mio passato è stato perdere il bambino che aspettavo al quarto mese di gravidanza, quando già sentivo forte il battito del suo cuore e si muoveva armoniosamente dentro di me. È stato devastante, l'ho vissuto davvero male, mi ha distrutto moralmente, psicologicamente e fisicamente. Ho altri due figli, ma intorno a me non vedevo più nulla: il buio totale, nessuna luce da nessuna parte. Mi sono chiusa in me stessa, nel mio dolore, non accettando neppure l'aiuto che mi veniva offerto dalle persone che mi amano.

C'è voluto tantissimo tempo per riprendere in mano almeno il lato esteriore della mia vita, la famiglia, il lavoro, ma internamente mi sono assuefatta al dolore, alla rassegnazione e facevo dipendere tutto da quello. Stavo distruggendo la mia vita, e me ne sono accorta appena in tempo, quando ho capito che dovevo fare qualcosa, che forse c'era la possibilità di trasformare quel dolore così forte in qualcosa di positivo: lo dovevo ai miei due figli, alla mia famiglia, a me stessa: tutto l'amore che avevo dentro lo dovevo donare a loro.

Sono riuscita a tramutare in forza un dolore che mi attanagliava; ho scritto un diario, su ogni pagina una lettera indirizzata al mio bambino mai nato, gli dichiaravo lo stesso amore che donavo agli altri, gli raccontavo della mia vita, della nostra vita... e così lentamente mi sono liberata da quel peso, ho metabolizzato il mio dolore, l'ho affrontato e superato. La donna che sono oggi lo devo anche a quella forza pazzesca che ritrovo ogni volta che rileggo le pagine di quel diario.

Questa mia storia vuol essere un incoraggiamento e un esempio di come si può uscire da una condizione di dolore: scrivete un diario, annotate le vostre insicurezze, le vostre emozioni, esprimete il vostro dolore, i vostri sentimenti, perché un giorno partirete da lì per sentirvi liberi.

Lo scopo di questo approfondimento è proprio quello di comprendere fino a che punto e in che modo possiamo trasformare gli eventi dolorosi del passato in crescita personale.

Il processo mentale da mettere in atto non è istantaneo e richiede lucidità e volontà di compiere importanti passi che ci inducono lentamente a uscire da stati traumatici legati a eventi del passato.

Il primo importante ostacolo da superare è accettarli: fin quando non accettiamo tutti quegli avvenimenti che ci hanno segnato, non possiamo superarli, perché non ne abbiamo ancora preso pienamente coscienza, per cui non riusciamo neppure a gestire le reazioni emotive che ci provocano, col rischio di compromettere e condizionare anche i nostri rapporti con gli altri.

Una volta accettati, non cerchiamo a tutti i costi una giustificazione per la nostra mente, cercando di convincerci che ce ne dobbiamo fare una ragione. Concediamoci invece del tempo per elaborarli e superarli, avendo consapevolezza che dal lato emotivo non è un'impresa facile. Al contrario la prima impressione è proprio che sia difficile assimilare nella nostra vita gli effetti psicologici derivanti da esperienze passate dolorose.

Ma la nostra mente è in continua evoluzione e si abitua facilmente a nuove situazioni, per cui il nostro sforzo maggiore è quello di approcciarsi a esperienze nuove, a elaborare i cambiamenti come fenomeni positivi. In che modo? Innanzitutto, partendo dal presupposto che non possiamo cambiare quello che è successo in passato ma, per evitare che il dolore emotivo vissuto si possa trascinare anche nel presente e nel futuro, possiamo vederlo in modo diverso, cambiando il modo di percepirlo e gestirlo.

Dobbiamo lavorare molto sulla nostra sfera emotiva, cercare laddove sia possibile, di lasciar andare i sentimenti negativi, come rabbia o risentimento, magari perdonando, se ci riusciamo, chi ci ha offeso o ferito e poi staccarci da essi, voltando pagina, comprendendo che quei sentimenti danneggiano solamente noi, ma non cambiano il passato.

Altro importante passo da compiere per vivere meglio è lasciare andare le persone negative, quelle che in qualche modo hanno determinato a crearci situazioni dolorose, di disagio, persone che non hanno mai apprezzato il nostro lato migliore, ma ci hanno utilizzati solo per i loro scopi e tornaconti. E anche quelle deleterie e distruttive, che non hanno mai perso occasione di umiliarci, mortificarci, demotivarci. Sono quelle che si lamentano di continuo, ma non propongono alternative né per loro e nemmeno per noi. Che non hanno spirito di iniziativa e che ci tolgono l'entusiasmo di fare qualsiasi cosa. Queste trasmettono un fluido negativo e in qualche misura ci condizionano e ci limitano.

Stiamo compiendo un percorso di crescita, per cui non possiamo fermarci, dobbiamo andare avanti, lo dobbiamo a noi stessi, perché vogliamo essere felici e per esserlo ci dobbiamo liberare da tutte queste zavorre.

Allora fermiamoci un attimo e guardiamo agli eventi passati che ci hanno provocato dolore e disagio, come a un film proiettato davanti a noi, le cui immagini si allontanano lentamente e diventano sempre più piccole fino a sparire. Loro spariscono e noi ci sentiamo sempre più liberi, la nostra mente può guardare a cose diverse, si abitua ad avere percezioni positive e il nostro animo si apre a nuove emozioni, belle, fortificanti ed edificanti.

Rimanere ancorati al vecchio non ci dà la possibilità di aprirci al nuovo, ma se elaboriamo questi passaggi, abbiamo la favolosa opportunità di aver utilizzato anche le esperienze negative per attuare la nostra trasformazione. E come succede per la storia dell'umanità, anche le nostre storie, di ognuno di noi, nel bene o nel male contribuiscono alla crescita personale e a mutare in persone migliori.

RIEPILOGO DEL CAPITOLO 2:

- SEGRETO n. 1: Guarda il bello che c'è in te e tiralo fuori.

- SEGRETO n. 2: Ogni difetto può essere valorizzato in un pregio.

- SEGRETO n. 3: Comprendi in cosa vuoi migliorare e poi agisci.

- SEGRETO n. 4: Ciò che non ci distrugge ci fortifica.

- SEGRETO n. 5: Abitua il tuo animo ad avere solo percezioni positive.

# Capitolo 3:

# Come prepararsi al cambiamento

**Capire il significato della parola cambiamento e da dove partire**

Quando ho capito che iniziavo a piacermi, ho anche realizzato il fatto che mi ero trasformata, ero un'altra persona, più matura, più consapevole, più responsabile e sicuramente più libera.

Si stava forgiando in me una donna diversa, che aveva fatto delle sue esperienze di vita una sorta di timone, che la stava direzionando dove voleva andare. E tutto questo mi rendeva orgogliosa e soddisfatta, pur sapendo che il mio percorso non avrebbe avuto un traguardo, ma era soltanto un cammino nel quale stavo attuando i cambiamenti che volevo, per essere felice.

Cambiamento era un termine che in passato mi aveva sempre spaventato, perché lo immaginavo come uno stravolgere in toto e in maniera repentina me stessa e quindi tutta la mia vita e avevo sempre avuto il timore di non esserne capace, di non avere la motivazione giusta per farlo. Ma anche questo faceva parte delle mie insicurezze e della mancanza di fiducia in me stessa.

Poi ho iniziato a considerare questo cambiamento come un esperimento, nel senso che, se a un certo punto della tua vita ciò che fai e come vivi non corrisponde più a quello che vuoi, devi avere il coraggio e la volontà di "provare" nuove vie, aprirti a nuovi orizzonti. Se siamo sull'orlo di un burrone e non sterziamo cambiando strada, cadiamo giù: questo è un dato di fatto! Bisogna sperimentare nuove strade per continuare il nostro percorso.

In questo modo qui è iniziato il mio cambiamento, interiore e di vita. Le prime tre domande che mi sono posta all'inizio sono state:
1) Cosa posso permettermi?
2) Cosa dipende da me?
3) Cosa posso fare adesso, in questo momento?

In realtà quando iniziamo a realizzare che stiamo facendo ciò che vogliamo realmente, nella nostra mente possiamo permetterci ogni cosa. Iniziamo a far ordine nelle nostre idee, partendo col far ordine anche nell'ambiente in cui viviamo. Se partiamo da lì, il resto viene tutto in maniera più disinvolta, poiché creiamo un habitat diverso che ci fa abituare all'idea di cambiamento: aria fresca, pulizia della casa, spostamento dei mobili, ordiniamo i nostri spazi in modo nuovo e diverso.

Tutto dipende da noi e dalla nostra voglia di rinnovamento: inizieremo a guardarci allo specchio e a vederci diversi anche noi, e allora ci integriamo in modo più armonioso nel nostro ambiente rinnovato. Personalmente ho iniziato così la mia trasformazione, a dire il vero ho cambiato casa, perché dove vivevo prima non stavo bene, non mi era mai piaciuto il luogo periferico della città in cui abitavo ed ero consapevole che gran parte del mio disagio e malessere dipendeva anche da quello; il posto isolato e lontano da tutto il resto spesso era per me causa di ansia e angoscia.

Così, appena ne ho avuto il modo, sono andata via da lì: ora vivo in un rione molto più bello, animato, luminoso... e questo è stato il primo passo per predisporre la mia mente al cambiamento.

Fatto ordine nei nostri spazi, è adesso che possiamo iniziare a riordinare le azioni quotidiane e a crearci nuovi obiettivi, iniziando a cambiare le abitudini, le routine, insomma, in poche parole, a stravolgerci la vita. Ed è bello quando cresce in noi questa voglia di fare in modo diverso, e qualsiasi cosa in modo efficiente, anche in momenti diversi della nostra giornata, e sempre dando il nostro meglio: ci sentiamo davvero persone nuove!

Se poi a tutto questo aggiungiamo la nostra voglia di diventare persone di successo che sono alla ricerca di qualcosa di bello, che si identifica con l'essere a proprio agio, realizzate e felici, allora dobbiamo trovare la ricetta giusta. E dunque assimilare un diverso modo di vivere e concepire le nostre giornate, iniziando con l'alzarsi presto al mattino: quello che si può fare nelle prime due o tre ore appena svegli è ciò che a volte impieghiamo a fare in un giorno intero.

E poi fare una colazione salutare, bere molta acqua, dedicarsi ad attività ginniche regolarmente, leggere tantissimo per aprire la mente, dare sempre priorità alla salute, dormire almeno 7/8 ore per notte. Poi c'è un esercizio bellissimo che tutti noi dovremmo fare più volte al giorno, ed è quello di sorridere spesso: fa bene al nostro animo, ci abbellisce il volto e ci dà lo sprint giusto per continuare la nostra giornata con ottimismo; sorridere ci interfaccia con le persone in maniera positiva e ci permette di instaurare relazioni che danno benessere.

Insomma, dovremmo assimilare uno stile di vita che ci doni serenità, calma e al tempo stesso determinazione, creatività, concretezza. Vivere bene dipende da noi, da come ci trattiamo e da come ci interfacciamo e gestiamo i rapporti con gli altri e, come ho ricordato in questo libro più volte, andando oltre a ciò che ci crea turbamento e ci impedisce di crescere come persone.

«Quello che il bruco chiama fine del mondo, il resto del mondo chiama farfalla»: il bello che c'è in noi viene fuori proprio nell'attimo in cui pensiamo di aver toccato il fondo, con la trasformazione che è inevitabile.

In una società che si evolve di continuo, dobbiamo comunque adeguarci al cambiamento anche nel mondo del lavoro, delle relazioni, se non vogliamo rimanere aggrappati a stereotipi vecchi e obsoleti e questo spesso riesce anche più difficile, perché non dipende da noi, per cui generiamo automaticamente resistenza. È difficile uscire dalle nostre aree di confort per andare incontro a qualcosa che non conosciamo e a cui non sappiamo come reagire.

E allora ci rifiutiamo di attuare tale cambiamento, oppure lo rimandiamo prendendo tempo e cercando di metabolizzare ogni nostra decisione a riguardo o, peggio ancora, lo sabotiamo. E il rischio qual è? Che la nostra mente rimane fluttuante in schemi e sistemi che non funzionano più, impedendoci di interagire nel sociale e di confrontarci con l'esterno per un qualcosa che non accettiamo perché non fa parte della nostra sfera emotiva.

Per crescere è necessario cambiare: tutto in natura cambia e si evolve, altrimenti muore, per cui prima accettiamo di mettere in atto la nostra trasformazione, prima la viviamo con consapevolezza e serenità. Scegliere liberamente di cambiare prima di essere costretti a farlo, ci fortifica, e ci consente anche di progredire poi nel nostro processo, sfruttando la grande opportunità di crescita personale che ci è offerta.

Quindi è fondamentale concentrarsi su taluni aspetti determinanti, quali il focus e la motivazione, cioè comprendere pienamente quale utilità ne possono derivare, cosa posso imparare per me stesso di soddisfacente e ancora, che benefici ne derivano, quali talenti posso valorizzare. Tutto ciò sarà fattore principale nella nostra positiva evoluzione e, cosa molto più importante, ovviamente, è riuscire a mantenere i risultati raggiunti in questo processo e facilitare l'adattamento al nuovo status.

Quando per la prima volta mi avvicinai all'idea di evoluzione, valutando soprattutto il lato emotivo che questo passaggio comporta e non sapendolo gestire autonomamente, cominciai anche a leggere alcuni libri a riguardo e a interfacciarmi con persone esperte nell'accompagnamento alla crescita personale, per meglio individuarne i punti più significativi.

Io sono una donna moto emotiva e impulsiva, e spesso mi è difficile controllare le emozioni, per cui avevo necessità di comprendere il modo in cui gestirle in questa delicatissima fase della mia vita. Fu allora che, documentandomi, senti parlare per la prima volta della teoria del "Ciclo Emotivo del Cambiamento", di Kelley e Conner, due ricercatori americani che, intorno agli anni Settanta, notarono che coloro i quali avevano spontaneamente intrapreso un cambiamento, si erano imbattuti in 5 fasi fondamentali e per ogni fase, avevano vissuto un preciso stato emotivo:

1) Ottimismo ingiustificato,

2) Pessimismo giustificato,

3) Realismo incoraggiante,

4) Ottimismo giustificato

5) Conclusione

Ogni stato emotivo era spiegato nel dettaglio, come anche i consigli e le regole principali per superare positivamente ciascuna fase. Tutti noi ci proponiamo di cominciare qualcosa di lunedì, oppure il primo del prossimo mese… l'entusiasmo gioca a nostro favore quando vogliamo a tutti i costi arrivare a un risultato tanto ambito, per cui sembra tutto fattibile, facile e possibile e l'adrenalina è alle stelle. Questa fase però dura pochissimo e, quel che è peggio, quando non otteniamo i risultati, ci scoraggiamo immediatamente.

Ma prima di perdere la valida motivazione che ci porta a pensare in modo ottimistico, è importante far memoria di tutti i benefici che ci aspettiamo di ottenere dalla nostra scelta di cambiare, magari annotandoli, farne una lista, per avere fissi gli obiettivi e cristallizzare l'entusiasmo che ci ha determinati nella nostra scelta; infine abituiamoci a fare un passo alla volta, per evitare di trovarci col fiato corto dopo aver percorso solo qualche miglio.

Dopo questa prima fase di iniziale euforia, inevitabilmente andiamo a infrangerci contro il muro chiamato realtà, dove prendiamo coscienza dell'assenza di risultati immediati e lo stato di frustrazione aumenta, mettendo in dubbio anche l'impegno e la forza d'animo che ci avevano spinti inizialmente, crollando in quella che è stata denominata la "Valle della disperazione", dove praticamente si arenano i buoni propositi di cambiamento della stragrande maggioranza delle persone e dove tutti siamo pronti a mollare.

In realtà molti mollano, e sono la maggior parte di coloro che hanno sempre mille progetti, partono in quarta per realizzarli e poi, di fronte al primo ostacolo non concludono più nulla! Solo oltrepassando la "Valle della disperazione", potremo emergere dalla massa dei mediocri, ma qui il ruolo determinante lo gioca la forza di volontà: chi esce dalla "Valle" del pessimismo, instaura il meccanismo del realismo incoraggiante. Perché abbiamo mollato ogni volta davanti alle difficoltà? Perché percorrevamo di corsa un sentiero dove non si intravedeva la fine e ciò era causa di scoraggiamento.

Il segreto è questo: risalendo dalla "Valle della disperazione", dobbiamo concentrarsi su ogni singolo passo, uno alla volta, un obiettivo al giorno, analizzando e decidendo con calma ogni cosa, fino a realizzarla. In questa fase, che è la più faticosa, ma anche la più importante, il nostro stato d'animo muterà e, lentamente, ci troveremo nella fase dell'ottimismo giustificato, dove, focalizzati sul nostro output giornaliero, tutto comincerà ad andare per il giusto verso e noi cominceremo a vedere i primi risultati del nostro cambiamento, acquisendo più fiducia nelle nostre capacità, sapendo perfettamente come affrontare qualsiasi nuovo ostacolo.

Ma il cambiamento che vogliamo non è ancora completo: dobbiamo consolidare i risultati. Come? Aiutando gli altri, coloro i quali stanno affrontando lo stesso percorso, ma sono rimasti aggrovigliati e arenati nella "Valle della disperazione".

È stato questo il mio percorso iniziale, pieno di difficoltà, dubbi, delusioni, amarezze, ma non mi sono mai tirata indietro, non ho mai abbandonato la mia idea di trasformazione interiore, perché era ciò che volevo con tutta me stessa. E ora vorrei, scrivendo questo libro, aiutare gli altri, la mia "mission" infatti è proprio questa: attraverso queste pagine e raccontando la mia esperienza personale, vorrei spronare e incoraggiare tutti coloro che hanno rinunciato e sono sfiduciati.

Non è corretto tornare indietro quando hai cominciato un percorso che sai che ti porterà verso un obiettivo ambizioso, al contrario devi cercare dentro di te quella forza di volontà che alla fine farà emergere la persona nuova che vuoi essere e che ti farà scoprire il dono più grande che hai: la tua felicità!

**Investire in formazione personale che mi rende a vita**
Nella mia crescita individuale, un ruolo importantissimo ha avuto anche la formazione personale, che mi ha informata, istruita, forgiata, spronata e coadiuvata in questo sviluppo.

Mi riferisco a quello specifico contributo e stimolo che viene dato sia alla nostra persona che alle nostre competenze attraverso corsi tenuti da persone qualificate che con metodi comprovati ed efficaci ci aiutano a compiere i nostri progressi, quindi alla "formazione umana".

Per questo motivo è utile partecipare a incontri con persone che abbiano tutte la medesima motivazione, supportate da formatori competenti ed esperti, per confrontarsi e imparare ad avere maggiore consapevolezza sia delle proprie capacità e potenzialità che delle attitudini per iniziare costruire la vita che si desidera, partendo dalla premessa che la crescita personale rimane comunque un punto di partenza.

I primi corsi di formazione che ho fatto erano nell'ambito del mio lavoro: ho scelto di cominciare da lì, erano sia corsi tecnici, riferiti al ruolo che svolgo all'interno della mia azienda, quindi per accrescere le mie competenze professionali, sia prettamente comportamentali, che riguardavano più nello specifico la gestione dei rapporti relazionali, con particolare attenzione a tutti gli stati emotivi, compresi l'ansia e lo stress.

Era il primo passo che compievo per uscir fuori da uno stato di sofferenza che mi opprimeva anche nello svolgere le mie mansioni lavorative e che non mi consentiva di esprimere il meglio di me. Ho cominciato con l'accrescere l'autostima, poiché la prima sensazione negativa che avevo era proprio l'avere poca stima di me stessa: sapevo di avere grandissime potenzialità, ma non le esprimevo a causa di un blocco psicologico che mi condizionava, temendo di essere giudicata e criticata.

La formazione aiuta a diventare una persona migliore, aumenta la consapevolezza di se stessi, valorizza le proprie potenzialità e le mette a frutto. La prima cosa da fare per ritrovare la fiducia in noi stessi è agire, definire un obiettivo e compiere tutte le azioni necessarie per raggiungerlo.

Come? Per prima cosa iniziare col piede giusto, cercando di raggiungere quotidianamente i piccoli step che ci fissiamo, così da sentirci gratificati per questi traguardi; rimanere sempre concentrati sul presente prendendo in mano la nostra vita senza mai rimandare come se le cose le potessimo iniziare in qualsiasi momento: non è così, verremmo meno ai nostri impegni, alle promesse che ci siamo fatte, perdendo la fiducia prima in noi stessi e poi negli altri.

E se la paura di fallire ci impedisce di agire, facciamo in modo che tale limite possa essere sfruttato come un'occasione per educare la nostra autostima ad affrontare le paure e le incertezze e per diventare una persona migliore. Spesso l'autostima è frutto di scarsa preparazione; allora prepariamoci, affrontiamo ogni cosa con consapevolezza, non guardiamo solamente gli altri apprezzandone le doti, ma prepariamoci noi stessi a riconoscere e sfruttare i nostri talenti, per avere successo.

Il segreto è nel conoscere a fondo noi stessi per avere maggiore autostima, e si ha maggiore consapevolezza di sé quando si vincono le proprie paure, quando si raggiungono i piccoli traguardi di tutti i giorni, quando fallendo, ci si rialza e si va avanti, quando si prende coscienza di quello che si è in grado di fare.

Dunque i corsi di formazione sull'autostima sono senza dubbio alla base di un progetto di crescita personale: parte tutto da qui. Una volta acquisita fiducia in noi stessi, riusciamo a gestire le varie situazioni che viviamo, valorizzando le emozioni positive che ci aiutano a vivere momenti felici e depotenzia le emozioni negative, come l'ansia e lo stress.

Ma la formazione non è solo autostima; si amplia in spazi molto più vasti e fornisce gli stimoli giusti per cambiare vita e vivere con soddisfazione. Se non siamo formati per attuare un progetto grandioso, non abbiamo le conoscenze e le competenze per realizzarlo: è come se ci mettessimo a costruire una casa senza avere un'adeguata preparazione progettuale!

La formazione personale è un piano di vita che rende per sempre, perché dona qualità e spessore alla nostra crescita e potenzia la motivazione, che è il motore delle nostre azioni, e fornisce gli strumenti giusti per aumentarne il potere. Inoltre "lubrifica" la mente, in quanto la sprona ad allargare gli orizzonti oltre le proprie conoscenze e le consente di spaziare oltre barriere che riteneva insormontabili, esercitando anche un'azione rigenerante delle cellule celebrali, continuamente stimolate.

La formazione può essere integrata da libri che trattano argomenti di crescita, con consigli utili di psicologi, esperti della crescita personale, o semplicemente persone normali che, testimoniano come, una buona formazione, possa ottimizzare la propria vita.

La mia formazione personale ha raggiunto il culmine quando, per supportare ulteriormente il mio percorso, ho partecipato a eventi formativi che includevano non più solo formazione professionale legata al mio lavoro o comportamentale, ma anche formazione per accrescere le mie competenze in settori per me assolutamente sconosciuti, quali informatico, turistico, linguistico, moda, media marketing, finanza. La voglia e l'entusiasmo di imparare cose nuove, che andassero oltre le mie esperienze sono caratteristiche determinanti che senz'altro denotano che la mia crescita include anche un bagaglio culturale oltre che personale.

Perché investire oggi nella formazione? Perché essa sta acquisendo una valenza sempre maggiore in un ambito sociale come il nostro, e nel mondo del lavoro in genere. Infatti, in un contesto sociale così variegato, sono continuamente richieste l'affinamento delle capacità manageriali e maggiore professionalità, e spesso il miglior modo per rispondere a queste esigenze, è una buona proposta formativa, mediante l'organizzazione e l'espletamento di seminari e corsi, finalizzati a fornire adeguato supporto a operatori e servizi in generale.

Acquisire il maggior numero di competenze è la chiave per affrontare il futuro e la formazione personale aumenta il valore dell'individuo, in un periodo nel quale tutto viene superato, mentre le qualità personali rimangono qualcosa di inimitabile, un valore competitivo che permette di differenziarsi. La formazione personale rappresenta lo strumento strategico per emergere, per uscire fuori dal coro, per confrontarsi e affermarsi in ogni ambito.

Le imprese oggi richiedono conoscenze tali che una buona formazione permette di ottenere e tutti coloro che intraprendono una nuova attività lavorativa, possono avere un bagaglio di competenze e capacità tali da fare la differenza. Formare significa far apprendere concetti, metodologie, strumenti e stimola per ottenere dalle persone comportamenti in sintonia con i propri valori e con il sistema di cui fanno parte.

Ma torniamo a noi: stiamo attuando un progetto per la nostra vita, stiamo mettendo in atto una trasformazione, un cambiamento che ci porta nella direzione del vivere felici e dobbiamo attraversare molteplici fasi che, come abbiamo detto, spesso sono difficili e richiedono un grande impegno. Allora includiamo nel nostro obiettivo anche un buon percorso formativo, per avere a disposizione tutti gli strumenti necessari per aumentare il potere nell'esercizio delle nostre azioni.

La formazione ci consente di creare un ponte tra i nostri sogni e la loro realizzazione, perché ci fornisce gli elementi validi, unisce tutti i tasselli per raggiunge i nostri piccoli traguardi. Inoltre aiuta a creare un programma a lungo termine per acquisire conoscenze nuove e proficue, indispensabili per completare il nostro importante lavoro.

Ovviamente la formazione non deve essere passiva o fine a se stessa, è necessario partecipare, farsi "trascinare" e poi "trasportare" per far sì che essa diventi parte del nostro essere, mettendo a frutto nella vita quotidiana tutto quello che apprendiamo di nuovo. Allora alla base di tutto è fondamentale da parte nostra la curiosità, cioè essere parte attiva nel percorso formativo, chiedere, farsi chiarire ogni dubbio, provare a fare...

Quindi far parte di un corso di formazione è come frequentare un'aula scolastica, una volta a casa dobbiamo svolgere i "compiti assegnati", ripetere la lezione ed essere pronti a mettere in campo tutto quello che apprendiamo.

Gli obiettivi devono essere prima di tutto chiari a noi, non possiamo affrontare un cammino formativo con idee fumose o poco chiare. È importante partecipare alla formazione con un ascolto attivo, intervenendo con domande interessate, cosicché spesso capita che, mentre acquisiamo valore dal corso a cui partecipiamo e dall'esperienza dei formatori, essi potrebbero prendere spunto dalle nostre curiosità e quesiti per apprendere nuovi modi di pensare e vedere le cose da una prospettiva diversa.

Guardiamo dunque alla formazione come a una grossa opportunità di espandere la nostra conoscenza su delle aree che, diversamente, non avremmo mai approfondito ed esplorato; come un irripetibile vantaggio per avere risposte a domande che neppure ci sono passate per la mente, o soluzioni a problemi in ambiti con cui non abbiamo familiarità.

Lasciamoci ispirare da persone che hanno esperienza e professionalità, iniziamo a leggere anche i loro libri, se ne hanno pubblicati, e lasciamoci contagiare e contaminare dalle risorse che ci mettono a disposizione, dalle idee, dagli spunti che ci propongono.

Sapete il risultato più ambizioso qual è? Diventare voi stessi mentori, formatori, instillare negli altri una visione diversa delle cose, per motivarli verso una meta comune, di offrire loro conoscenza, esperienza e gli strumenti giusti per iniziare a fare un altro passo vero i loro obiettivi.

Questo è ciò che cerco di fare io in questo libro: non è mai troppo presto o troppo tardi per mettere a fattor comune i risultati raggiunti e indicare i metodi vincenti per progredire e perseguire il prestigioso traguardo. Quando ci si forma per qualcosa che ci fa star bene, ci prepariamo un presente e un futuro felice.

RIEPILOGO DEL CAPITOLO 3:

- SEGRETO n. 1: Il cambiamento è un esperimento.

- SEGRETO n. 2: Trasformati per diventare una persona di successo e raggiungere i tuoi obiettivi.

- SEGRETO n. 3: La formazione personale migliora la tua vita.

- SEGRETO n. 4: Formarsi per un progetto a lungo termine.

- SEGRETO n. 5: Sii il mentore di te stesso e degli altri.

# Capitolo 4:
# Come migliorare la propria autostima

**Acquistare fiducia e sicurezza in se stessi**

Siamo giunti a un buon punto del nostro percorso: da quando siamo partiti fin qui ne abbiamo fatta di strada, siamo passati attraverso sentieri irti e difficoltosi, ma abbiamo raggiunto traguardi importanti, e tutto ciò finalizzato a ottenere stima e fiducia in noi stessi. Ce la faremo, riusciremo a trarre il meglio da noi e a essere persone felici, perché è questo che vogliamo, giusto?

Ricordate il motivo di tutti i nostri sforzi? Andiamo dritti avanti verso il nostro obiettivo, ma per superare gli step fin qui illustrati dobbiamo vincere il nostro nemico più grande, quello che ci insinua il dubbio sulla buona riuscita del nostro impegno e che potrebbe farci mollare ogni tentativo: l'insicurezza.

E allora, se attuiamo tutto ciò che abbiamo detto finora, se iniziamo ad amarci, se vinciamo le nostre debolezze, se curiamo la salute fisica e mentale e ci prepariamo al cambiamento, ma non riusciamo ad avere abbastanza fiducia in noi stessi tanto da dire: "ce la puoi fare", e puntare con convinzione tutti i nostri sforzi su questo obiettivo, allora non otterremo mai ciò che perseguiamo. Per essere felici dobbiamo lasciar andar via la paura e le insicurezze.

Vincere le mie insicurezze è stato il traguardo più grande. Hai presente quando sei sul trampolino di una piscina e devi fare il salto nell'acqua, e pur essendo una brava nuotatrice, sei nel dubbio se lanciarti o no, perché non hai abbastanza fiducia nelle tue capacità di saper risalire a galla e nuotare? Ecco, così mi sono sentita io, milioni di volte, nella mia vita.

È una sensazione che ti limita completamente, ti rende schiava delle tue paure e non ti permettere di compiere il grande passo che stai compiendo; l'indecisione ti assale, l'incertezza di riuscire nella tua impresa e, ahimè, spesso, il tornare indietro. Tutto questo è davvero avvilente e umiliante di fronte al nostro nobile e ambizioso progetto di trasformazione.

Ai più importanti bivi della nostra vita, non c'è segnaletica: tocca a noi decidere dove dirigerci e se ci facciamo sopraffare dalle insicurezze e dalle incertezze, difficilmente andremo avanti.

Come dicevo, vincere le mie insicurezze è stato un successo, per me che sono stata sempre una persona timida, introversa, con scarsa autostima, spesso dipendente dai giudizi e critiche degli altri. Nel momento in cui ho sentito forte dentro di me la voglia di libertà, ho anche intuito che il primo giogo che dovevo eliminare era proprio la paura.

Ho avuto paura quando ho rinunciato a vivere emozioni bellissime in età adolescenziale, e ho avuto paura quando ho voltato le spalle a una grossa opportunità che mi era stata offerta di attuare un percorso professionale in ambito lavorativo, accettando la sfida di mettermi in gioco in un contesto diverso dal mio. Ho avuto paura anche quando ho dovuto affrontare alcune situazioni familiari che avrebbero migliorato la qualità della mia vita e mi sono tirata indietro, non avendo il coraggio di farlo.

Ma cosa significa avere coraggio? Significa agire, nonostante ci sentiamo spaventati, tenendo conto che il timore è comunque un comportamento innato nel nostro cervello, anche se il contesto che ci circonda contribuisce in una certa misura ad accrescere oppure, al contrario, ad affrontare e superare la paura.

Riconoscere il proprio limite è già un primo passo importante per far modificare la situazione: a volte possiamo aggirarlo, e quindi non essere coraggioso potrà definirsi una facoltà adattiva, altre volte invece, dobbiamo affrontarlo, concentrando tutto su quella paura e cercare di vincerla. Come? Avendo fiducia in se stessi, sviluppando la propria autostima perché non sono certo le paure a definirci, siamo ben altro e non dobbiamo far altro che dimostralo a noi stessi.

Nel momento in cui ho realizzato che dovevo crederci, dovevo aver fiducia nelle mie capacità e che non dovevo permettere a nessuna situazione esterna a me di condizionare le mie decisioni e le mie azioni, allora ho visto davanti a me una strada tutta in discesa, perché era molto più semplice di quanto immaginassi.

Come in altre occasioni, ho ricercato in alcune pratiche di concentrazione e di meditazione il focus del mio obiettivo, accentrando l'attenzione esclusivamente sull'origine e la causa della mia insicurezza. Ho scoperto una pratica nuova e molto efficace, "flooding" detta anche "immersione", è volta a dirigere la persona totalmente nella situazione che le dà insicurezza, per farla sentire completamente spaventata, con lo scopo di lasciarsi attraversa dalla paura, osservarla e fare di tutto per non farsi sopraffare.

Molte delle mie insicurezze erano anche frutto delle mie percezioni in età infantile: come se per ogni paura ci fosse come una sorta di benda, di maschera, di conseguenza o se vogliamo, di giustificazione per gli atteggiamenti che da esse scaturivano. Sono certa che molti di voi si siano trovati a dover affrontare situazioni simili alle mie, ma posso dire con orgoglio che oggi, ognuna di quelle maschere che mi ero costruita nella mia mente, sono state scoperte e distrutte da tutte quelle certezze, raggiunte con la determinazione di chi ha voluto andare oltre l'apparenza.

La paura del rifiuto da parte degli altri, che genera la condizione del fuggitivo, si vince nel momento in cui, affermando se stessi, si afferma anche il posto che ci compete, soprattutto nel sociale. La paura della solitudine o dell'abbandono, si supera quando ci si rende conto che si ha bisogno dei propri spazi, della propria libertà di agire e pensare senza condizionamenti altrui, in totale autonomia e rispetto per se stessi.

L'insicurezza che deriva dal sentirsi umiliati, traditi, che genera spesso atteggiamenti masochisti, si sconfigge quando iniziamo a pensare a noi, a ciò che ci fa star bene, a ciò di cui abbiamo necessità, in altre parole, quando non ci poniamo più limiti, e al tempo stesso smettiamo di crearci aspettative rispetto agli altri.

Un celebre saggista e critico d'arte del Novecento, Robert Hughes, affermava che «più è grande il tuo potenziale, più sarà grande la tua insicurezza. La presunzione è il premio di consolazione dei mediocri». Vi è mai capitato di centrare un obiettivo importante e ambizioso e di continuare a sminuire sia la vostra impresa che voi stessi? Ebbene questa si chiama "sindrome dell'impostore" e deriva proprio dall'insicurezza e dalla mancanza di fiducia per voi stessi. Vi sembrerà di essere inadeguati, di stare in un posto che non meritate e che c'è qualcuno migliore di voi che dovrebbe essere al vostro posto.

È una sindrome abbastanza diffusa tra la gente, per cui si è in molti ad avere queste sensazioni tanto da dare spesso la "colpa" alla società ipercompetitiva in cui viviamo, a farci sentire così inappropriati.

A ogni buon conto, è comunque una nostra responsabilità prenderci cura del nostro percorso di crescita personale e quindi superare tutte le incertezze che ci attanagliano. Molto utile è la lettura: i libri ampliano la mente, allargano gli orizzonti, migliorano il lessico, per cui ci sentiremmo più sicuri nell'esprimerci e nel relazionarci nel sociale.

Siamo così preoccupati da ciò che gli altri pensano di noi, del nostro aspetto fisico, del non essere mai abbastanza, che spesso non comprendiamo l'inestimabile valore intrinseco che è in noi e che, basta davvero volerlo, ci farebbe fare quel salto di qualità che ci porterebbe all'indiscusso successo personale.

Ognuno di noi ha una doppia immagine, quella di sé nella realtà e quella di sé nella perfezione, a cui di solito aspiriamo. E se ci crediamo, possiamo diventare persone migliori! A volte le nostre paure e insicurezze possono essere vinte anche applicandoci in semplici esercizi che ci portano a staccarci da esse e a proiettarci in una visione ottimistica, come il guardarci in uno specchio e scrutandoci negli occhi, chiederci: "che cosa posso fare per essere felice?" Proviamo a guardare le cose da una prospettiva diversa, probabilmente ci appaiono più semplici e raggiungibili.

Essere sicuri di sé vuol dire anche star bene con se stessi, non sentirsi mai soli, riuscire a divertirsi anche solo leggendo un libro o scrivere un diario o arrampicarsi su un albero. Significa apprezzare ogni cosa, anche la più piccola e insignificante; significa riconoscere le emozioni, ma non attaccarsi visceralmente a esse, non confonderle e saperle discernere dalla vita reale.

Alla base di tutto è la fiducia in se stessi: credi in te, sei unico, non paragonarti a nessun altro; nessun altro può decidere la tua vita, i tuoi bisogni, le tue regole, ciò che sei. Poni dei paletti tra te e gli altri, proteggiti, fai in modo che tutti sappiano che le tue priorità sono le cose che ti fanno star bene. Abituati a star solo, ma al tempo stesso rispetta la tua esigenza di compagnia, socializzazione, nuove amicizie e affronta nuove sfide in maniera positiva.

Le insicurezze dunque sono un ostacolo assolutamente valicabile, perché appartengono alla nostra sfera emozionale e si superano con la forza di volontà e con un costante esercizio mentale, ma non confondiamole con le debolezze, a cui abbiamo dedicato un capitolo a parte in questo libro.

Comportarci da deboli è una nostra scelta, mentre nell'affrontare le nostre insicurezze, dobbiamo mostrare carattere, volontà, forza interiore, voglia di farcela, perché solo in questo modo acquistiamo fiducia in noi stessi e diventiamo imbattibili e invincibili.

La fiducia in noi stessi, la caparbietà, il coraggio sono le doti principali per portare a casa il risultato che stiamo perseguendo; a questo punto del nostro percorso non possiamo più distrarci e mirare dritti all'obiettivo: le persone che siamo diventate non mollano più, con fierezza e autostima vanno avanti per essere felici.

## Gestire il tempo che ci è stato dato

A questo punto della nostra opera, una domanda potrebbe nascere spontanea: ma io dove lo trovo il tempo per fare tutto questo? Tra gli impegni che ho, la famiglia, il lavoro, le mille occupazioni giornaliere che mi girano intorno, come trovo il tempo per mettere in atto tutto questo percorso?

"Trovare il tempo…" che grossa sciocchezza! Il tempo non dobbiamo trovarlo da nessuna parte, perché il tempo è in noi! Ed è la cosa più democratica che abbiamo: ci è stato dato uguale a tutti, senza distinzione di età, sesso, classe sociale: 86.400 secondi al giorno tutti per noi!

Questo argomento così importante merita un approfondimento più dettagliato; non capita a caso nel nostro percorso di crescita e non parlo di "tempo" come di un fattore astratto. Al contrario esso è il fattore determinante che aiuta a conoscere meglio se stessi e ci stimola nelle nostre azioni. A volte abbiamo la sensazione di non avere abbastanza tempo per attuare i nostri progetti o che il tempo che abbiamo non sappiamo utilizzarlo al meglio.

In uno dei più famosi trattati dell'antichità, *La brevità della vita*, il filosofo romano Seneca sottolinea uno dei più grandi errori dell'umanità: non saper spendere bene la nostra vita e sprecare tempo. Egli scrive che in realtà non è vero che di tempo ne abbiamo poco, piuttosto ne sprechiamo tanto. La vita è lunga abbastanza per compiere imprese nobili e di valore, purtroppo spesso viene dissipata nell'ignavia.

Siamo distratti da cose futili, e disattenti nel riconoscere la qualità della realtà che ci circonda, per cui, inevitabilmente, alla fine ci rendiamo conto che trascorriamo la nostra esistenza senza nemmeno accorgercene e senza compiere ciò che avremmo. voluto.

Questo pensiero filosofico è di indiscussa modernità; infatti nell'era del correre sempre, della fretta, del restar prigionieri del tempo, Seneca ci indica qual è l'antidoto giusto per vivere a propria misura: "non sprecare tempo", dare un senso alla propria vita ogni giorno, con passione, ambizione, energia e lasciare un segno indelebile prima a se stessi, poi agli altri.

Ma qual è il valore del tempo? Ogni volta che facciamo qualcosa rinunciamo a fare dell'altro, per cui ci viene il sospetto che stiamo "perdendo tempo", perché magari ci saremmo potuti dedicare a qualcosa di più importante e gratificante. È così che scopriamo in maniera positiva ed equilibrata il valore del tempo, attribuendo la giusta importanza al suo impiego.

In molte occasioni, nella mia vita, ho sempre declinato progetti importanti, desideri e spesso ho anche cancellato i sogni "nel cassetto" perché pensavo semplicemente di non aver tempo sufficiente per realizzare ogni cosa.

E mi sbagliavo, visto che a distanza di anni mi sono ritrovata a valutare alcune situazioni che io avevo abbandonato nel mio percorso che, se avessi dato ascolto al mio istinto e avessi impiegato il mio tempo a perseguire quei progetti con determinazione e fiducia in me stessa, avrei senz'altro aggiunto al mio futuro un tassello importante per essere una persona felice. A quel punto ho capito che mi mancava l'anello di congiunzione tra l'avere tempo e il saperlo gestire.

Ho partecipato a una decina di corsi di formazione su come gestire il tempo, sul suo valore, sul controllo del tempo che abbiamo… insomma, ero fermamente determinata a colmare questa che sicuramente era la lacuna più grande nel mio percorso formativo e che spesse volte mi aveva anche causato stress e ansia. Molti psicologi, a proposito dello stress, ritengono che la vera causa non sia imputabile tanto nella quantità di impegni che riempiono la nostra giornata, quanto all'impossibilità o incapacità di concludere i compiti che ci si era prefissati.

Sono riuscita, grazie anche alla mia forza di volontà a sviluppare strategie efficaci per gestire al meglio il mio tempo, bilanciando tutti gli impegni della mia vita. Così ho scoperto che, in realtà, non si gestisce il tempo, ma si gestisce se stesso.

Partiamo dal fissare i tre aspetti indiscutibili del tempo:
1) non è possibile acquistarlo,
1) non si può accumulare,
2) non si può fermare

Immaginiamo che ogni giorno ci vengono dati gratuitamente 86.400 secondi da investire, non possiamo bloccarli e che quelli che non impieghiamo, non possono essere accumulati e vengono resi. Abbiamo una sola possibilità: utilizzarli in modo tale che ci rendano nel modo migliore!

Allora iniziamo a fissare obiettivi intelligenti, dividendoli in base all'importanza e alle priorità, organizziamo le azioni, cercando di evitare le procrastinazioni e, definiti i modi in cui migliorare la gestione del tempo, cominciamo a regolare le abitudini e i modelli di comportamento, per ridurre qualsiasi stress correlato al tempo della nostra vita.

Quindi in definitiva non gestiamo il tempo, ma gestiamo la nostra quotidianità, le nostre azioni, in quanto è una sorta di metodo educativo che dobbiamo imporci su come utilizzare il tempo, appropriandoci anche dei cosiddetti "luoghi di produttività", che altro non sono se non quegli spazi fisici in cui operiamo al meglio e siamo completamente a nostro agio.

Acquisiamo nuove abitudini, come ad esempio, pianificare ogni giornata, spezzando in attività più piccole i grandi compiti, magari delegando ad altri ciò che possiamo anche non fare noi personalmente, prendendoci una pausa, se necessario, per recuperare energie.

Concentriamoci sui nostri valori e usiamo il tempo in attività che ci arricchiscono come persone, senza disperdere necessariamente tutte le nostre forze, per ottenere i risultati. Ricordiamo, infatti, il principio di Pareto, che afferma che il 20% delle cause produce l'80% degli effetti, che, relazionato alla dimensione temporale, possiamo tradurre nella capacità di ottenere risultati eccellenti, impiegando in modo intelligente e ottimale le nostre forze.

Un'ultima e importante considerazione sul tempo, vorrei farla in relazione alla sua assenza. Abbiamo fin qui detto che il tempo è il valore aggiunto alla qualità della nostra vita e che noi ci muoviamo inevitabilmente nella nostra dimensione spazio/temporale, sarebbe inimmaginabile una concezione diversa. Proviamo ad affrontare l'argomento da una prospettiva differente: l'assenza di tempo, anche se sembrerebbe quasi un paradosso misurare il valore del tempo in base alla sua mancanza.

Purtroppo ciò avviene nel momento in cui ci lasciamo sopraffare da impegni di ogni genere e, travolti dalla smania del mondo circostante, spesso ci adattiamo. Se ci fermiamo un attimo a riflettere su questo, è facile comprendere come cambi anche la percezione del tempo sia in termini di quantità che di qualità e quel tempo che magari una volta sembrava essere tanto e facilmente gestibile, perché gli impegni erano pochi e di scarsa importanza, successivamente non sembra mai essere abbastanza.

Diminuendo la quantità di tempo a disposizione, ne diminuisce anche la qualità, in quanto i due fattori, strettamente correlati tra loro, si influenzano a vicenda. In pratica, quando il tempo scarseggia e ci sono molte cose da fare, si cerca sempre di trovare soluzioni tali da ottimizzare e semplificare il più possibile le azioni da compiere a scapito della qualità delle stesse, ma ricavando ulteriore tempo per fare altro.

Tutto questo penalizza il tempo da dedicare a noi stessi, da concederci magari per non far nulla o semplicemente per riflettere e, come ogni cosa della nostra vita, materiale o astratta, ci accorgiamo della sua importanza, in relazione alla sua assenza.

In qualunque direzione andiamo o da qualunque prospettiva analizziamo l'argomento, alla fine l'obiettivo è quello di individuare nel nostro tempo solo ciò che fa la differenza, in termini di impiego, di qualità, di quantità, di importanza.

Ciò che conta è avere tempo da dedicare ai nuovi progetti che stiamo realizzando, senza sottrarne alla famiglia, al tempo libero, alla professione lavorativa, e arrivare a un livello di salute, di autostima, di leadership e di ricchezza economica tale che ci possa permettere di andare avanti nella nostra direzione, puntando al successo.

Molte delle persone di successo puntano tutto sul "timing", per cui diventano maestri nella gestione del tempo, e le strategie che adottano consentono loro di avere maggior tempo da dedicare alle cose importanti e meno sprechi e un focus più diretto sui loro obiettivi.

Le persone di successo hanno l'abitudine di lavorare su ciò che può restituire loro un ritorno sull'investimento (e non mi riferisco solo dal lato materiale, ma anche e soprattutto dal lato emotivo) per cui fanno una selezione accurata di ciò che in quel momento potrebbero fare di più produttivo rispetto a cose meno importanti e di poco conto.

Ecco perché saper gestire il tempo è fondamentale per le persone che hanno successo nella vita... e stiamo parlando di noi, che puntiamo a essere persone di successo, che abbiamo intrapreso un percorso motivante e interessante e che abbiamo deciso, con determinazione, volontà e coraggio, attraverso un'analisi approfondita e consapevole, che vogliamo raggiungere a tutti i costi i nostri traguardi.

Allora affrontiamo questo viaggio, utilizziamo il nostro tempo per far uscire fuori il meglio di noi stessi, attraverso le tecniche e strategie che vi ho suggerito in questo libro, non rinunciamo a essere ciò che vorremmo, a essere persone felici.

RIEPILOGO DEL CAPITOLO 4:

- SEGRETO n. 1: Per essere felici dobbiamo lasciar andar via la paura e le insicurezze.
- SEGRETO n. 2: Abbi fiducia nelle tue capacità e non farti condizionare dagli altri.
- SEGRETO n. 3: Non sprecare il tuo tempo, ma utilizzalo per diventare una persona felice.
- SEGRETO n. 4: Concentrati sui tuoi valori e usa il tempo in attività che ti arricchiscono.
- SEGRETO n. 5: Fermati a riflettere sul tuo tempo e sul suo valore inestimabile.

# Conclusione

Sono giunta al termine del mio lavoro editoriale e in tutto il mio elaborato vi ho illustrato che, per essere persone felici, è importante completare un percorso di crescita personale che aumenti la propria autostima.

Se si acquista fiducia in sé stessi e si attua quel cambiamento interiore che ci fa oltrepassare i limiti, le paure, le incertezze e ci pone come persone nuove, rinate, che prima di tutto amano se stesse, possiamo essere persone felici, perché non facciamo dipendere la nostra vita dall'esterno, ma solo ed esclusivamente da noi, da tutto ciò che è dentro di noi e che scaturisce dal nostro animo.

Nella vita possiamo trovarci a dover affrontare anche situazioni che, purtroppo, non sono prevedibili né immaginabili e tali condizioni a volte possono riguardare l'intera collettività, come lotte, calamità naturali, pandemie, per citarne alcune, che ci mettono davanti a situazioni del tutto nuove e che ci rendono incapaci anche solo di mettere in atto una reazione lucida e ponderata.

Ci potremmo chiedere pertanto, anche in maniera obiettiva e giustificata, come sia possibile, con stati d'animo messi così duramente alla prova e trovandoci a dover gestire emozioni a volte sconosciute e incontrollabili, poter pensare di trovare dentro noi la felicità, quando le contingenze e gli eventi vanno da tutt'altra parte.

Potremmo domandarci, a ragion veduta, come si possa essere felici quando si vive sotto la minaccia di una spada di Damocle pronta a infilzare il colpo. Del tutto legittimo avere queste perplessità, ma il mio intento è proprio quello di esortarvi ad affrontare anche eventi inaspettati, seguendo le tappe che vi ho illustrato nel mio libro, perché, vi assicuro, a me sono state molto utili ed essenziali per superare eventi di questo genere.

La paura è gestibile e, come ho più volte ribadito, può essere dominata e vinta. Alla base del nostro atteggiamento è utile avere sempre un approccio positivo, ottimistico e guardare anche le situazioni più spaventose da una prospettiva diversa, pensando al fatto che, a volte, anche le situazioni più dolorose e sconcertanti, hanno la loro spiegazione.

Spesso, il più delle volte essa è irrazionale, oppure ingiustificata o enigmatica, ma noi dobbiamo cercare, con un piccolo sforzo, di darvi una motivazione: eventi di questo genere ci piegano e il più delle volte ci costringono a guardarci intorno e dentro di noi, ci indicano una nuova direzione verso cui divergere, un cambio di rotta, per un'umanità nuova, rigenerata.

Gli eventi negativi, purtroppo spesso seminano vittime, ma il loro numero potrebbe essere il prezzo più basso da pagare se costringono noi tutti a "meditare" sulle nostre esistenze, sui veri valori, a guardare nelle nostre coscienze; se ci obbligano a delle rinunce per farci comprendere l'entità di ciò a cui stiamo rinunciando, accreditandogli tutto il suo valore; se ci riportano a vivere il nostro tempo con le persone che amiamo e con cui condividiamo l'ansia e la trepidazione del momento.

E dunque, se questi "spaventi collettivi", permettetemi di chiamarli così, li useremo come vaccino contro la paura, anche il lavoro di tutti coloro che sono in prima linea per combattere e farci superare questi momenti, non sarà reso vano. E non sarà resa vana neppure la sofferenza dei nostri animi!

Vacciniamoci contro la paura, distraiamo la nostra mente da quello che le dà angoscia, serviamoci del bello che è dentro di noi per trasformare anche gli eventi brutti che viviamo ai nostri tempi, in opportunità di crescita, e capire che anche ciò è sufficiente per essere felici.

C'è un bellissimo termine che oggi è molto in voga e del quale mi piace tantissimo il significato: "resilienza". Nel vocabolario italiano è la capacità di un materiale di assorbire un urto senza rompersi; rapportato a un ambito psicologico, è intesa come la forza di un individuo di affrontare e superare eventi traumatici in periodi di difficoltà.

È dunque questo il fulcro del mio discorso: essere resilienti vuol dire saper trarre positività dagli eventi negativi, sprigionando una forza che è innata dentro di noi e che ci porta a trasformare il trauma, lo stress, il dolore, in risorse al punto da ottenere comunque un beneficio.

E questa è una grande energia, in quanto ci consente di esprimere caratteristiche di noi stessi che non riusciamo a manifestare nelle situazioni favorevoli della nostra vita.

Partiamo sempre dal presupposto che ogni evento genera un'opportunità di crescita; anche quelli peggiori o stressanti ci offrono comunque uno stimolo per evolvere, per riscoprire dentro di noi forze che non conoscevamo neppure di avere, come quella che ci rende solidi e robusti, al punto da "assorbire il colpo senza romperci". Iniziamo a guardare ogni situazione sfavorevole da una diversa prospettiva, è l'unico modo per poter aver sempre una visione ottimistica della vita.

Khalil Gibran, poeta e autore di aforismi, ha scritto: «Le persone più felici non sono necessariamente coloro che hanno il meglio di tutto, ma coloro che traggono il meglio da ciò che hanno».

Ho fatto mia questa bellissima frase, che mi ha fatto molto riflettere all'inizio del mio percorso di crescita: perché cercare intorno a me, nelle cose materiali, la felicità, quando io sento di possederla e che posso farla esplodere?

La responsabilità della nostra felicità e soltanto nostra. Essa non è fuori da noi, è dentro e dobbiamo solo far in modo che essa emerga e renda la nostra vita migliore, partendo dal fervore, da quella spinta che viene dall'animo, ad agire e operare in maniera gioiosa alla ricerca di ciò che ci fa star bene.

Mi entusiasma molto pensare che anche un solo rigo di questo libro possa essere stato uno stimolo per i miei lettori per prendere nelle mani la propria vita e decidere con fermezza e convinzione di iniziare quella svolta decisiva e importante. Tutti possiamo farlo, così come ci sono riuscita io e centinaia di migliaia di persone.

Nessuno può rinunciare al proprio benessere, soprattutto nei momenti più bui e quando potrebbe sembrare che tutto possa finire: è proprio da là che si riparte, con la convinzione che la persona più importante della nostra vita siamo noi stessi. La nostra centralità è il punto di partenza per far sì che tutto il resto, che conta e che ha valore, ruoti intorno e diventi parte essenziale di noi. Partendo dall'autostima si attua alla perfezione quel progetto che ognuno di noi ha della propria vita, fatto di traguardi raggiunti, soddisfazioni, valori aggiunti… tutto ciò che gradualmente vien fuori dal nostro essere e ci porta a essere felici.

Con questo libro, basandomi molto sulla mia personale esperienza, spero di avervi dato consigli e spunti necessari per intraprendere questa bellissima ricerca in noi stessi, attraverso 8 strategie illustrate nei 4 capitoli: presupposi principali restano comunque la volontà, l'impegno e la determinazione. Tutto dipende dalla nostra voglia di affermarci, dal desiderio di benessere interiore, di realizzazione personale che generano, come conseguenza, una vita ricca di soddisfazioni e di traguardi raggiunti.
In una parola, la felicità.

***

Se ti è piaciuto questo libro e hai piacere a entrare in contatto con me, puoi trovarmi sul mio blog: **www.margheritapesarini.com**